Philine Brinkmann

Einführung in die Computer-Forensik

GRIN Verlag

Bibliografische Information der Deutschen Nationalbibliothek:

Die Deutsche Bibliothek verzeichnet diese Publikation in der Deutschen Nationalbibliografie; detaillierte bibliografische Daten sind im Internet über http://dnb.d-nb.de/ abrufbar.

Impressum:

Druck und Bindung: Books on Demand GmbH, Norderstedt Germany
ISBN: 978-3-656-18120-0

Dieses Buch bei GRIN:

http://www.grin.com/de/e-book/192597/einfuehrung-in-die-computer-forensik

Universität Hildesheim
Institut für Mathematik und Angewandte Informatik

Bachelorarbeit

Einführung in die Computer-Forensik

Philine Brinkmann
Informationsmanagement und Informationstechnologie

07. November 2008

Zusammenfassung

Die vorliegende Arbeit beschreibt den Ablauf von computerforensischen Ermittlungen im Zuge von Computerstraftaten. Sie zeigt auf, welche Motivation die Täter treibt und welche Verfahren und Maßnahmen zur Abwehr eingesetzt werden können. Des Weiteren wird erläutert, mit welchen Werkzeugen die Angreifer arbeiten und welche möglichen Auswirkungen diese auf das betroffene System haben können. Im weiteren Verlauf wird beschrieben, welche Hindernisse eine Ermittlung birgt und wie mit diesen umzugehen ist, welche Möglichkeiten und Arten von Tools dem forensischen Team zur Arbeit zur Verfügung stehen und wofür diese eingesetzt werden können. Ein wesentlicher Punkt ist der Umgang mit dem Beweismaterial, sowie das Auffinden und die Sicherung von relevanten Daten und deren Auswertung. Auch wird das Wiederherstellen von gelöschten Daten durchleuchtet. Ein weiterer Teil der Arbeit befasst sich mit dem Aufdecken von schwer zugänglichen oder versteckten Dateien und Spuren des Angreifers um dort wichtige Informationen herausfiltern zu können. Es wird beschrieben, wo sich diese befinden und welchen Nutzen sie für eine Ermittlung haben.

Abstract

The present work describes the process of computer-forensic investigations in the wake of computer crimes. It reveals the motivation driving the perpetrators and the procedures and measures which can be used for protection. Furthermore it is been analyzed what tools the attackers use and the possible impact they could have on affected systems. Common obstacles during investigations are being identified and their solutions discussed. In the following, it will be described which obstacles are involved in investigations. It will be shown how they are dealt with by introducing different approaches and different kinds of tools which are available for forensic teams. Another point is how to deal with the evidence as well as finding and securing the relevant data and how they can be interpreted. Additionally, it is explained how deleted data can be restored. The work focuses on uncovering and accessing hidden or protected files and traces of the attacker in order to retrieve important information which can be of great use for the further investigation.

Inhaltsverzeichnis

Abbildungsverzeichnis

Tabellenverzeichnis

1 Einleitung

Der Begriff Forensik ist allgemein bekannt. In vielen Krimis im Fernsehen oder in Büchern wird mit diesem Begriff das Analysieren und Rekonstruieren krimineller Handlungen bezeichnet. Doch wie lässt sich der Begriff der Computer-Forensik hier einbinden? Mit Computer-Forensik ist nicht, wie man zuerst vermuten könnte, die EDV-Unterstützung im Rahmen einer Autopsie von ungeklärten Todesfällen oder die am Computer rekonstruierte Simulation eines Tathergangs in 3D gemeint. Im übertragenen Sinne stellt die Computer-Forensik die Autopsie von IT-Systemen im Zuge von kriminellen Handlungen am bzw. mit dem Computer dar. Noch allgemeiner formuliert, ist damit die Untersuchung verdächtiger Vorfälle im Zusammenhang mit IT-Systemen gemeint.

Ein Großteil aller Dokumente wird heutzutage nur noch elektronisch gespeichert und nicht mehr ausgedruckt. Dies spart vor allem Platz und Papier. Die Daten werden am Computer bearbeitet, weitergeleitet und abgelegt bzw. auf Servern archiviert. Besonders Angriffe auf IT-Systeme sind daher immer lohnenswerter geworden. Der Verlust oder die Manipulation dieser Daten durch Systemeinbrüche oder Malware kann besonders für Unternehmen äußert kritisch werden. Die Computer-Forensik gewinnt in diesem Zusammenhang in zunehmendem Maße an Bedeutung und ist ein wichtiges Bindeglied zwischen betroffenen Firmen und der Justiz.

Damit die Ergebnisse einer Ermittlung im weiteren Verlauf für juristische Schritte gegen den Täter verwendet werden können, ist, ein genauer Untersuchungsablauf einzuhalten. Dieser besteht vor allem aus dem Sichern der digitalen Spuren, welche als Beweise sowohl be- als auch entlastend sein können, dem Analysieren dieser, sowie einer abschließenden Zusammenfassung bzw. Präsentation der Ermittlungsergebnisse. Grundlage einer jeden Ermittlung ist eine lückenlose und präzise Dokumentation der einzelnen Arbeitsschritte um diese Dritten gegenüber verteidigen zu können.

Einer forensischen Ermittlung liegen bestimmte Fragestellungen zu Grunde, die wichtig sind, um die vorliegende Situation richtig einschätzen zu können. Zu welchem Personenkreis gehören die möglichen Täter? Welche Interessen verfolgen sie und welche Auswirkungen kann dies auf die Systeme oder die Unternehmung haben? Welche Art der Bedrohung liegt vor? Auch ist es wichtig zu ermitteln, wie sie überhaupt in das betroffene System gelangen konnten. Geschonneck [2008s, S.11] definiert den Begriff der Bedrohung als potentiellen Auslöser eines schadhaften Ereignisses in Bezug auf die IT-Systeme oder gar die ganze Unternehmung. Diese Definition wird auch für die vorliegende Arbeit übernommen.

Sicherheitsverantwortliche von IT-Systemen stehen vor der schwierigen Aufgabe, Bedrohungen zu erkennen und deren Eintrittswahrscheinlichkeiten abzuschätzen. Dies ist besonders in Hinblick auf die Einschätzung des eintretenden Schadens im Falle eines Angriffs und den Notfallplan wichtig. Die Eintrittswahrscheinlichkeiten können mit Hilfe der folgenden Punkte eingeteilt werden.

> - *der Häufigkeit der Bedrohung (Wahrscheinlichkeit des Auftretens anhand von Erfahrungen oder Statistiken),*
> - *der Motivation und den vorausgesetzten Fähigkeiten und Ressourcen eines potentiellen Angreifers,*
> - *der Attraktivität und Verwundbarkeit der IT-Systems bzw. seiner Komponenten, wie sie von potentiellen Angreifern wahrgenommen wird,*
> - *dem Wert, den die IT-Systeme und die darin gespeicherten bzw. verarbeiteten Informationen für die eigene Organisation oder aber für den Angreifer haben, und*
> - *der Positionierung des Unternehmens oder der Organisation in der Öffentlichkeit bzw. innerhalb der politischen Landschaft (z. B. Polizei, Bund und Parteien).*
>
> *[Geschonneck 2008a, S. 11-12]*

Die jeweiligen Bedrohungen können verschiedenen Ursprungs sein. Zum einen können sie durch die Umwelt (Feuer, Überschwemmung, Erdbeben, Stromausfall etc.) gegeben sein und zum anderen durch den Menschen, beabsichtigt oder unbeabsichtigt. Der Personenkreis bei der Bedrohung durch den Menschen lässt sich in Innen- und Außentäter aufteilen, also Täter mit und ohne Betriebszugehörigkeit.

Um das Risiko einer Bedrohung ermitteln zu können sind also die beiden Parameter Schadenshöhe und Eintrittswahrscheinlichkeit ausschlaggebend [vgl. Draber 2008, S. 11]. Durch die zunehmende Vernetzung von Computersystemen ist das Risiko eines Angriffs auf das eigene System erheblich gestiegen und somit existieren heutzutage sehr viele mögliche Ziele. Nicht zuletzt durch die Nutzung des Internets und der Tatsache, dass viele Systeme mit dem gleichen Betriebssystem betrieben werden (bekannte Sicherheitslücken im Betriebssystem können somit auf sehr vielen IT-Systemen ausgenutzt werden), führt dazu, dass Angriffe leichter durchgeführt werden können [vgl. Geschonneck 2008a, S. 12-13].

Die Motivationen, die einen Angreifer dazu treiben, sich unerlaubten Zugang zu verschiedenen IT-Systemen zu verschaffen, sind vielfältig. Vielen Angreifern geht es darum, mit ihrem Können vor Gleichgesinnten zu prahlen. Durch besonders schwierige Angriffe, oder aber das Umgestalten oder gar Blockieren einer Webseite, erlangen sie in bestimmten Kreisen Lob und Anerkennung und das Gefühl zu einer Gruppe zu gehören. Eine andere Gruppe von Angreifer will mit ihren Systemeinbrüchen jedoch auf bestehende Sicherheitslücken aufmerksam machen und eher keinen Schaden anrichten [vgl. Geschonneck 2008a, S. 17]. Wie Abb. 1 zeigt, sind aber vor allem wirtschaftliche Interessen für viele eine große Motivation, Angriffe auf bestimmte Systeme zu starten. So kann sich beispielsweise ein Unternehmen einen wirtschaftlichen Vorteil verschaffen, indem es Konkurrenten abhört oder wichtige Informationen, wie Baupläne neuer Entwicklungen (PKW, Maschinen etc.) oder Forschungsergebnisse (Pharmazie etc.), entwendet und für eigene Zwecke einsetzt. Auch nutzen Geheimdienste solche Angriffe, um an Informationen zu gelangen.

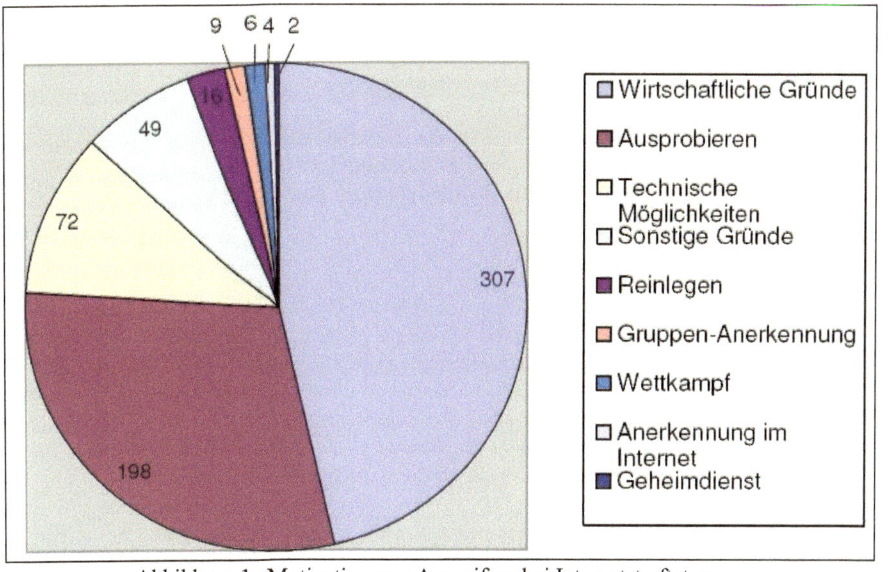

Abbildung 1: Motivation von Angreifern bei Internetstraftaten
(hier Internetzugangskennungen herausfinden)
[Geschonneck 2006a, S. 18]

Die folgende Liste soll helfen, die verschiedenen Angriffsmotivationen voneinander abzugrenzen. Die von Kroll Ontrack [2008, S. 7] vorgenommene Erläuterung beschränkt sich hierbei jedoch auf Straftaten bei denen vor allem ein wirtschaftliches Interesse im Vordergrund steht. Die in Abb. 1 gezeigte Einteilung von Geschonneck bezieht hingegen alle Gruppen von Angreifern mit ein.

- ***Hacking*** | *Eindringen in Computer(netze) zum Zweck der Spionage, Sabotage, Fälschung oder anderen Angriffen durch Zugangsentschlüsselung und Passworterschleichung*

- ***Computerspionage*** | *Ausforschung von Patenten, Forschung und Entwicklung, Buchhaltung, Vertrieb- und Kundendaten durch Hacking, Kopien oder unrechtmäßige Aneignung von Datenträgern*

- ***Computersabotage*** | *Meist logische, mitunter aber auch physische Schädigung von Datenträgern, Computern und Netzwerken durch Viren, Würmer und Trojaner, aber auch Angriffe aus dem Web, beispielsweise Blockade durch Überflutung der Netzanbindung per DoS (Denial of Services)*

- ***Datenfälschung*** | *Änderung von Abrechnungsdaten, Konten und Bilanzen durch externes Hacking oder interne Manipulationen oder Verschleierungen*

- ***Produktpiraterie*** | *Software- und Datendiebstahl, durch Vertrieb von Programmkopien (Raubkopie) oder unberechtigten Zugriff auf kostenpflichtige, gespeicherte Informationen*

[Kroll Ontrack 2008, S. 7]

Die von Kroll Ontrack [2008, S.7] verwendeten Definitionen für Hacking und Computerspionage sind nicht sehr eindeutig, da sie gegenseitig aufeinander verweisen. Eindeutiger wäre hier im Falle von Hacking eine Beschränkung auf das unrechtmäßige Eindringen in Computer(netze) durch Zugangsentschlüsselung und Passworterschleichung. Demnach ist dann die Computerspionage das Ausforschen von Patenten, Forschung und Entwicklung, Buchhaltung, Vertrieb- und Kundendaten im Anschluss an das unrechtmäßige Eindringen in Computer(netze).

Als praktisches Beispiel für einen Computerangriff mit wirtschaftlichem Interesse sei hier der Fall der Firma Enercon aus Aurich genannt. In den 90er Jahren gelang es einem amerikanischen Konkurrenzunternehmen geheime Daten des ostfriesischen Windkraftanlagenherstellers auszuspionieren. Durch das Mitlesen der internen Geschäftskommunikation konnten detaillierte Informationen zum aktuellen Entwicklungsprozess einer neuartigen Windkraftanlage gewonnen werden. Enercon erlitt daraufhin Umsatzeinbußen in dreistelliger Millionenhöhe, da das amerikanische Unternehmen die Windkraftanlage als erste auf den Markt brachte. Obendrein wurde Enercon von der amerikanischen Firma wegen Verletzung des Patentrechts verklagt, da diese nun behauptete Enercon hätte die Ideen bei ihnen abgeguckt [vgl. Schröm 1999, S. 1].

Die häufigsten strafbaren Handlungen im Zusammenhang mit IT-Systemen, sind neben der oben beschriebener Wirtschafts- und Industriespionage sowie Urheber- und Markenrechtsfälle auch Sabotage, Betrug und das Veröffentlichen sensibler Daten. Eine forensische Ermittlung befasst sich jedoch nicht nur mit Systemeinbrüchen, sondern auch mit Straftaten, wie Erpressung oder sozialschädigenden Handlungen wie Mobbing am Arbeitsplatz, die von einem Computer ausgeführt wurden.

Ziel der forensischen Analyse ist es, die verwendeten Methoden des Täters zu erkennen, sowie die Schwachstelle des IT-Systems aufzudecken, den entstandenen Schaden einzuschätzen und nach Möglichkeit den Täter zu identifizieren. Die hierbei eingesetzten Verfahren und Werkzeuge der Ermittler werden im weiteren Verlauf dieser Arbeit aufgezeigt und erläutert. Auch wird ein Überblick über die Möglichkeiten der Abwehr von Systemeinbrüchen gegeben. Die Schwierigkeiten, denen sich forensische Teams im Zusammenhang mit der Analyse der betroffenen Systeme und der Arbeitsumgebung gegenüber sehen, sind zahlreich. Kapitel 4 erläutert, wie diese Hindernisse aussehen und wie mit ihnen umgegangen werden kann. Um Beweise sammeln zu können, müssen sich Forensiker auf digitale Spurensuche begeben. Im Verlauf von Kapitel 5 wird verdeutlicht, um was für Spuren es sich dabei handelt und wo diese zu finden sind. Abschließend befasst sich diese Arbeit mit dem sicheren Löschen von Daten und dem Wiederherstellen von gelöschten Daten zur Verschleierung der Identität bzw. der verwendeten Methode des Täters.

Kapitel 7 fasst schließlich die vorliegende Arbeit zusammen und spiegelt die aktuelle Situation wieder. Außerdem wird hier ein Ausblick auf die zukünftige Entwicklung auf diesem Gebiet gegeben.

2 Angriffsverlauf

Für Ermittler und Systemadministratoren ist es hilfreich, wenn sie die mögliche Vorgehensweise eines Angreifers kennen. Sie können dann abschätzen, welcher Angriff ausgeführt wird, ob und welche Folgeangriffe als nächstes gestartet werden können und welches Ziel der Angreifer verfolgt. Auch zum Auffinden von Tatspuren sind diese Voraussagen hilfreich. Im Folgenden werden die möglichen Schritte eines Angriffs aufgelistet und erläutert.

Bei einem typischen Angriffsverlauf wie ihn Geschonneck [2008a, S. 30] beschreibt, beschafft sich der Angreifer zunächst Informationen über sein potentielles Ziel. Diesen Vorgang nennt man auch „Footprinting“. Entweder er ist ein Mitarbeiter oder ein externer Beschäftigter mit Zugriff auf die notwendigen Informationen, oder er beschafft sich die Daten über das Internet. Vielen Leuten ist gar nicht bewusst, wie viele Daten sich öffentlich zugänglich über das Internet abrufen lassen. Nahezu jede Firma betreibt eine eigene Webseite. Dazu ist es notwendig, sich eine entsprechende Domain zu sichern (Bsp.: uni-hildesheim.de). Diese Domains werden dann in WHOIS Datenbanken eingetragen [vgl. Draber 2008, S. 1, Folie 17a ff]. E-Mailadresse, Telefonnummer, Anschrift des Inhabers und die IP-Adresse des DNS Servers werden dort hinterlegt und sind für jedermann abrufbar. Des Weiteren können alle vom DNS Server zur Verfügung gestellten IP-Adressen abgefragt werden und in vielen Fällen mit Hilfe von Traceroute oder Ping abgeglichen werden. Anhand all dieser Informationen erhält der Angreifer ein genaues Bild der benutzten IP-Adressen seines Ziels [vgl. Geschonneck 2008a, S. 30].

Die in der Phase der Informationsbeschaffung eingeholten Daten über das Zielsystem können nun mit Hilfe von verschiedenen Methoden dazu benutzt werden, offene Ports im Netzwerk aufzuspüren. Um diese zu finden wird ein Port- bzw. Protokollscan durchgeführt [vgl. Caloyannides 2004, S. 185]. Hierzu kommen verschiedene Techniken zum Einsatz, welche sich im Einzelnen durch die zu Grunde liegenden Protokolle und Tarnmechanismen, die dafür sorgen, dass der Angreifer im Verborgenen operieren kann, unterscheiden. Da diese Übersicht lediglich dem grundsätzlichen Verständnis eines Angriffverlaufes dienen soll, werden die verschiedenen Protokolle und Mechanismen hier nicht weiter erläutert. Diese können in Lyon [o. D.] nachgelesen werden. Ist die Phase des Port- bzw. Protokollscans erfolgreich verlaufen, so kann nun die Liste der zuvor beschafften IP-Adressen um die Anzahl der offenen UDP- bzw. TCP-Ports erweitert werden [vgl. Geschonneck 2008a, S. 30].

Als nächstes wird der Angreifer laut Geschonneck [2008a, S. 31] versuchen, herauszufinden, welche Programme auf dem Zielsystem mit den offenen Ports betrieben werden. Hierbei ist vor allem das verwendete Betriebssystem von Interesse. Diesen Vorgang nennt man „Fingerprinting". Die in einem Netzwerk übertragenen Datenpakete werden mit einem Header versehen. Diese Header unterscheiden sich zum Teil von Betriebssystem zu Betriebssystem und können nach einer genaueren Analyse auf das entsprechende System hinweisen. Es gibt zwei Möglichkeiten, um an diese Informationen zu gelangen. Entweder der Datenverkehr innerhalb des Netzwerkes wird beobachtet und analysiert (dies ist jedoch erst möglich, wenn der Angreifer bereits in das System eingedrungen ist), oder aber der Angreifer schickt selber Daten zum Zielhost und wertet daraufhin die Antworten aus. Ebenfalls von Interesse sind die aktuellen Versionen und das Patchlevel der verwendeten Applikationen. Diese lassen sich in vielen Fällen auf die gleiche Art und Weise herausfinden, da sie häufig breitwillig von den jeweiligen Programmen herausgegeben werden. Sind in bestimmten Programmen Sicherheitslücken bekannt, so können diese dann leicht ausgenutzt werden [vgl. Geschonneck 2008a, S. 31].

Nachdem der Angreifer nun über die Applikationen des Zielsystems informiert ist, wird er im nächsten Schritt versuchen, sich Zugang zu diesem zu verschaffen. Ziel ist es hierbei, sich möglichst als Systemadministrator anzumelden. Dies geschieht beispielsweise durch das Ausnutzen von Schwachstellen in der *„Programmierung, Konfiguration oder Implementierung" [Geschonneck 2008a, S. 31]* der jeweiligen Anwendung. Dieses Vorgehen wird als Penetration oder auch Exploiting bezeichnet.

Möchte der Angreifer sicherstellen, dass er auch in Zukunft Zugang zum Zielsystem hat, so muss er sich eine Hintertür (engl. backdoor) schaffen, denn er kann sich nicht darauf verlassen, dass die von ihm ausgenutzte Sicherheitslücke unbemerkt bleibt. Dazu richtet er entweder zusätzliche Administratoraccounts oder nicht sichtbare Serverprozesse ein [vgl. Geschonneck 2008a, S. 32].

Ist es einem Angreifer gelungen in ein System einzudringen, so wird ihm daran gelegen sein, seine Spuren zu verwischen, damit er nicht aufgespürt werden kann. Dazu ist es notwendig, die Daten seines Einbruchs aus den Log Files zu löschen und alle Dateien, die er verwendet hat zu beseitigen oder zumindest gut zu verstecken [vgl. Honeynet 2000]. Kapitel 5 und die darauf folgenden Unterabschnitte geben einen Überblick darüber, welche Möglichkeiten zum Verstecken es gibt. Anschließend wird in Abschnitt 6.2 erläutert, warum Daten mit dem einfachen Löschbefehl noch lange nicht vom jeweiligen System entfernt werden.

2.1 Angriffsarten

Die folgenden Abschnitte geben Aufschluss darüber, was der Angreifer mit dem Zugang zu einem Computer(netzwerk) erreichen kann bzw. auf welche Art er diesen überhaupt erlangt. Dieses Wissen ist in Bezug auf die Arbeit von Computer-Forensikern wichtig, um die Folgen eines Systemeinbruchs abzuschätzen und den Eindringling möglicherweise zurückverfolgen zu können. Wie in Kapitel 1 beschrieben, gibt es Angreifer mit ganz unterschiedlichen Absichten. Um das jeweilige Ziel zu erreichen, benutzen die Angreifer verschiedene Methoden. Einige sehr verbreitete Angriffsarten werden im Folgenden aufgelistet und erläutert.

2.1.1 Malware

Malware steht für „malicious Software“ und bezeichnet die Gesamtheit aller unerwünschten Programme, welche schädlich sind und sich meist selbst verbreiten. Je nach Dateiformat wird Malware in die Kategorien Trojanische Pferde, Viren und Würmer unterteilt [vgl. Kleimann 2004a]. Verbreitet werden diese Programme mittels E-Mail, Instant Messenger und über Webseiten die Programme mit schädlichem Inhalt zum Download bereitstellen (die kann auch unwissentlich geschehen).

Viren sind schadhafte Programme, die andere Programme im System befallen können. Ein Virus nistet sich in die Befehlskette eines Anwendungsprogramms ein und wird beim Starten des ursprünglichen Programms ausgeführt. Er läuft entweder gleichzeitig im Hintergrund oder ersetzt das ganze Programm. Verbreitet werden sie durch Weitergabe der befallenen Dateien z. B. über Peer-to-Peer Verbindungen. Da der Befall nicht immer sichtbar ist, erfolgt die Weitergabe nicht unbedingt bewusst bzw. vorsätzlich. Die Auswirkungen, die ein Virus auf das System haben kann, sind vielfältig. Es können Dateien verändert oder gelöscht werden, erhöhte Belegung der Speicher- und Festplattenkapazität durch die Aktivitäten des Virenprogramms können auftreten und die Manipulation der Registry von Windowssystemen ist möglich [vgl. Kleimann 2004b].

Würmer kopieren und verbreiten sich, sofern sie erst einmal gestartet wurden, selbständig. Sie nisten sich jedoch nicht wie Viren in andere Programme ein. Würmer verbreiten sich z. B. mittels Versenden befallener E-Mails selbständig innerhalb eines Netzwerkes oder dem Internet von Rechner zu Rechner [vgl. Kleimann 2004b]. Dazu versenden sie sich selbst an Kontakte des Adressbuches eines Mailprogramms. Führt der Empfänger die angehängte Datei aus (z. B. aus Unwissenheit) so wird der Wurm von neuem aktiviert. Würmer können allein durch das selbständige Verbreiten hohe Schäden anrichten. So kann ein Mailserver oder Router der zusätzlichen Last der Mailflut eines Wurms mitunter nicht gewachsen sein. Auch auf den befallenen Rechnern verbrauchen Würmer Systemressourcen und schwächen so die Leistung des Systems.

Trojanische Pferde werden meist abgekürzt Trojaner genannt. Ein Trojaner ist ein Programm, das vorgibt, ein anderes, nützliches Programm zu sein. Meist läuft die schädliche Wirkung unbemerkt im Hintergrund ab und wird vom Anwender nicht oder nicht gleich bemerkt. Trojaner können Teile des Systems oder aber sogar das ganze System zerstören. Viele Angreifer benutzen zudem Backdoor-Trojaner um von Außen auf das befallene System zuzugreifen und nahezu alle Funktionen ausführen zu können [vgl. Kleimann 2004b]. Trojanische Pferde können sich nicht selbständig verbreiten. Sie werden daher oft als harmlose Software getarnt, um so von den Anwendern arglos selbst verbreitet zu werden.

2.1.2 Spoofing

Spoofing, zu Deutsch „Manipulation/Verschleierung", ist ein Prinzip zum Umgehen von Authentifizierungs- und Indentifikationsverfahren, welche auf vertrauenswürdigen Adressen und Hostnamen beruhen. *„Unter Spoofing versteht man unterschiedliche Täuschungsversuche im Internet bei gleichzeitiger Verschleierung und Manipulation der eigenen Identität" [Siebert 2008].* Häufig benutzten Arten sind: IP-Spoofing, ARP-Spoofing, DNS-Spoofing und Mail-Spoofing.

Beim ARP-Spoofing geht es dem Angreifer darum, die im Address Resolution Protocol hinterlegte Zuordnung von IP-Adresse zu MAC-Adresse zu manipulieren. Diese Zuordnung wird in der Sicherungsschicht des ISO/OSI Referenzmodells vorgenommen [vgl. BSIb o. D.]. Durch neue, falsche Zuordnungen, wird der Angreifer dann vom Zielsystem als vertrauenswürdig angesehen und die entsprechenden Pakete, die an die ursprünglich richtige MAC-Adresse gesendet werden sollten, werden an die MAC-Adresse des Angreifers geleitet [vgl. Ruetten/Stutzke 2005, S. 2]. Abb. 2 zeigt, wie die ursprünglich zwischen Arbeitsstation A und dem Server stattfindende Kommunikation über Arbeitsstation B umgeleitet wird. Die nebenstehenden Tabellen im Bild zeigen, wie die Zuordnungen von IP- zu MAC-Adresse von Station B manipuliert wurden. Station B gibt sich gegenüber dem Server als Station A aus und gegenüber Station A als Server.

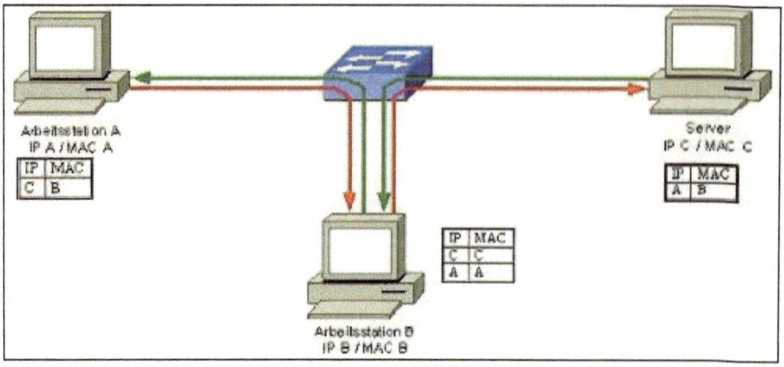

Abbildung 2: ARP-Spoofing
[Ruetten/Stutzke 2005, S. 1]

In der Vermittlungsschicht des ISO/OSI Referenzmodells lässt sich das IP-Spoofing anwenden. Durch IP-Spoofing täuscht der Angreifer eine falsche IP-Adresse vor um mittels seiner Absenderadresse authentifiziert zu werden. Er kann mit der gefälschten IP-Adresse Pakete versenden, jedoch nicht empfangen [vgl. BSIb o. D.].

Das DNS-Spoofing funktioniert ähnlich dem ARP-Spoofing. Hier versucht der Angreifer sich Zugang zum Domain Name System Server zu verschaffen, um die dort hinterlegte Zuordnung von IP-Adresse zu Hostname (und umgekehrt) zu manipulieren [vgl. BSI 2007a]. Dies hat zur Folge, dass künftig alle Anfragen für die Adressauflösung eines Hosts auf die gefälschte IP-Adresse verweisen. Konkret bedeutet dies, dass beispielsweise bei Eingabe einer URL in einen Browser zukünftig nicht mehr die ursprüngliche Seite angezeigt würde, sondern eine andere, auf dem Rechner des Angreifers hinterlegte Seite.

Mit Mail-Spoofing wird das Versenden von E-Mails mit gefälschter Absenderadresse bezeichnet. Ein Angreifer kann sich so beispielsweise als jemand ausgeben, der er nicht ist und so durch Korrespondenz mit Kunden oder Mitarbeitern an wichtige Informationen gelangen (er kann diese beispielsweise ausfragen), oder Spam-Mails verschicken [vgl. BSIc o. D.].

2.1.3 Denial of Service

Die zuvor beschriebenen Angriffsmethoden zur Verschleierung der Identität lassen sich unter anderem dazu benutzen, einen Denial of Servcie-Angriff (DoS-Angriff) auszuführen. Bei einem DoS-Angriff geht es darum, Systeme lahm zu legen oder gar zum Absturz zu bringen. DoS-Attacken werden auch häufig als Ablenkmanöver benutzt. Sind die zuständigen IT-Spezialisten mit einem solchen Angriff beschäftigt, so wird ein zweiter Angriff zur selben Zeit unter Umständen gar nicht bemerkt. Bei einem DoS-Angriff wird der zuständige Server mit einer hohen Anzahl von Anfragen überhäuft, welche er nicht gleichzeitig abarbeiten kann. Um dies zu erreichen gibt es verschiedene Methoden, welche im Folgenden beschrieben werden [vgl. BSIa o. D.].

Um einen Angriff noch wirksamer zu machen, werden in vielen Fällen von mehreren Rechnern gleichzeitig Angriffe gestartet. Dieses Verfahren wird Distributed Denial of Service-Angriff genannt (DDoS). Hierfür werden beispielsweise im Vorfeld hunderte von Rechnern von Viren oder Würmern befallen, um dann selbst zum Angreifer zu werden.

Eine Möglichkeit für einen DoS-Angriff ist das SYN-Flooding. Es nutzt das Handshakeverfahren zum Verbindungsaufbau innerhalb von TCP Netzwerken aus. Dieses Verfahren funktioniert nach folgendem Prinzip: Ein Benutzer schickt zu erst von seinem Rechner aus ein Datenpaket (SYN-Paket) an den Server. Der Server antwortet mit einem SYN-ACK-Paket und der Rechner bestätigt den Verbindungsaufbau wiederum mit einem ACK-Paket (SYN = synchronize; ACK = acknoledgement). Im Falle eines SYN-Flooding Angriffs enthält das SYN-Paket eine gefälschte Absenderadresse, unter der der Server den Rechner nicht erreichen kann. Die Anfrage kann in diesem Fall nicht mit einem SYN-ACK-Paket beantworten werden. Der Server versucht jedoch noch eine Zeitlang den Angriffsrechner zu erreichen und hält für diesen Zweck Ressourcen zur Beendigung des Verbindungsversuches frei. [vgl. BSIa o. D.; Cole et al, S. 192]. Wird eine große Anzahl solcher Anfragen gleichzeitig an einen Server gestellt, so können diese die gesamte Verbindungskapazität blockieren, der Server ist überlastet und steht für andere Systeme nicht mehr zur Verfügung.

Eine weitere Angriffsmethode ist das Ping-Flooding. In jedem Netzwerk gibt es die Möglichkeit, über Echo-ICMP-Pakete (Internet Control Message Protocol) zu überprüfen, ob andere Rechner im Netz erreichbar sind. Das mit Hilfe eines Pings abgesendete Paket wird vom angesprochenen Rechner beantwortet (daher die Bezeichnung Echo). Wird der Zielrechner mit einer hohen Zahl von Pings überflutet, so führt dies einerseits zu einer hohen Auslastung der Verbindungskapazität des Netzes und andererseits zu einer Überlastung des Zielrechners, da er nicht mehr alle Anfragen gleichzeitig beantworten kann [vgl. BSIa o. D.].

Eine sehr einfache Art Mailsysteme zu überlasten ist das Mailbombing. Es wird entweder eine enorme Anzahl an E-Mails, oder aber eine einzige große verschickt. Ist der zuständige Mail-Server dieser Datenflut nicht gewachsen, so wird er langsamer oder stürzt ab [vgl. BSIa o. D.].

2.1.4 Man-in-the-Middle

Durch das zuvor beschriebene DNS- bzw. ARP-Spoofing lassen sich auch so genannte Man-in-the-Middle-Angriffe ausführen. Das Ziel des Angreifers ist es, sich zwischen zwei Kommunikationspartner zu schalten, er befindet sich also „in der Mitte". Um dies unbemerkt zu realisieren, muss er sich gegenüber dem Empfänger als Sender und gegenüber dem Sender als Empfänger ausgeben. Die Kommunikation der beiden Stationen wird dann über den Angreifer in der Mitte geleitet (siehe Abb. 3). Die so empfangenen Datenpakte können ausgelesen und vor dem Weiterleiten manipuliert werden [vgl. BSI 2007b].

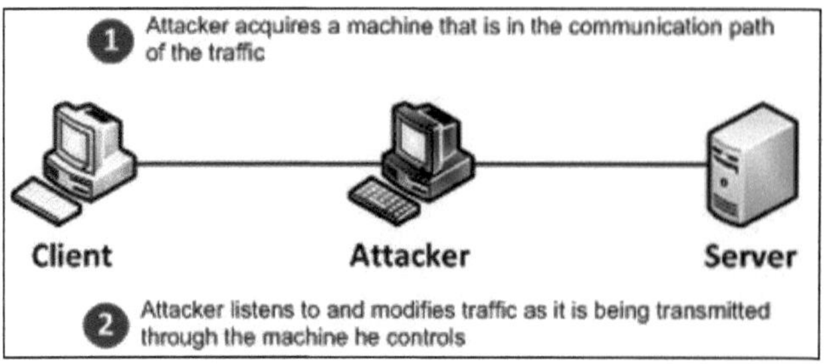

Abbildung 3: Man-in-the-Middle-Angriff
[Secureworks o. D.]

2.1.5 Cross-Site Scripting

Eine weitere Angriffsmethode ist das Cross-Site Scripting, kurz XSS. Es bezeichnet das Ausnutzen von Sicherheitslücken in Web-Applikationen mit Hilfe derer ein Angreifer Zugriff auf bestimmte Daten erhält. XSS beinhaltet vier Kernpunkte:

1. einen Angreifer mit einem manipulierten Hyperlink
2. eine Web-Applikation, welche dynamische Seiten ausliefert
3. einen Webclient mit aktiviertem JavaScript
4. einen Cookie mit Benutzerdaten

Ausschlaggebend für die Durchführbarkeit ist hierbei erst einmal eine Web-Applikation, die Seiten aus empfangenen Benutzereingaben generiert. Dies sind typischerweise Webshops, Webmailer, Portale und das Onlinebanking. Die übertragenen Variablen der

Benutzereingabe werden in die URL übertragen und an den jeweiligen Server geschickt. Dies ist bei HTTP mit GET-Methoden ein durchaus übliches Verfahren. Der Server startet daraufhin ein Skript, welches die empfangenen Variablen einliest und generiert daraus eine neue Seite. Diese wird an den Webbrowser gesendet. Die Benutzereingaben werden dabei an den Browser zurückgesendet [vgl. Bachfeld 2003, S. 1].

Werden die Eingaben der Web-Applikation nicht ausreichend gefiltert, so kann anstelle der Benutzereingaben ein JavaScript an den Server übertragen werden. Dieser verpackt das Script in ein HTML-Dokument und schick es an den Browser zurück. JavaScript wird oft nur für vertrauenswürdige oder benutzerdefinierte Webserver zugelassen. Viele Browser fragen dazu explizit nach, ob ein bestimmtes Skript ausgeführt werden darf. Der Angreifer muss den Browser also dazu bringen, sein Skript zuzulassen. Dazu benutzt er einen Server mit XSS-Schwäche, von dem er ausgeht, dass das Opfer diesen für vertrauenswürdig hält (z. B. den Server einer Bank). Abb. 4 zeigt, was passiert, wenn der Benutzer auf den Link der manipulierten Web-Applikation klickt. Er wird er auf die Seite des Angreifers geleitet und das Skript wird ohne Rückfragen im Browser ausgeführt. Das Skript sieht für den Benutzer aus, als käme es von der Ursprungsseite. Die Cookies des Benutzers werden nicht mehr an den Server, sondern an den Angreifer übertragen [vgl. Bachfeld 2003, S. 2].

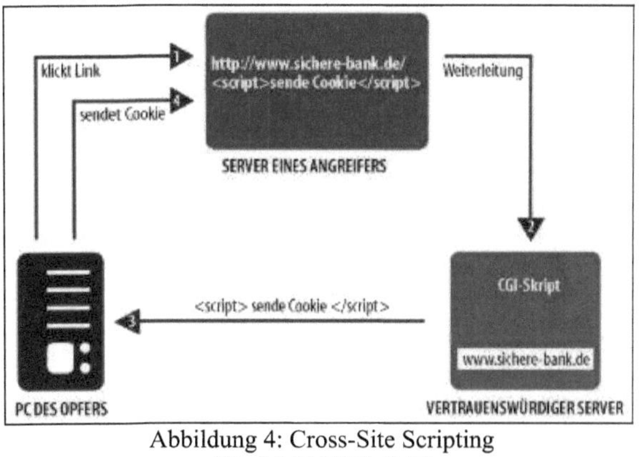

Abbildung 4: Cross-Site Scripting
[Bachfeld 2003, S. 2]

Der Angreifer kann die empfangenen Cookies auslesen, manipulieren oder löschen. Diese Cookies enthalten eine entsprechende Session-ID oder die Authentifizierungsdaten. Mit Hilfe der Session-ID kann der Angreifer ohne den Namen oder das Passwort des Benutzers zu kennen eine gültige Verbindung zu einem Server aufbauen. Diesen Vorgang nennt man Session-Hijacking. Die ID ist jedoch immer nur so lange gültig, bis der Benutzer sich abmeldet. Der Angreifer hat also nur ein beschränktes Zeitfenster für seinen Angriff [vgl. Bachfeld 2003, S. 2].

Um XSS Angriffen vorzubeugen, sollte der verwendete Browser immer auf dem aktuellen Patchlevel sein. Zusätzlich sollten die Programmierer der Web-Applikation darauf achten, dass die Eingaben sorgfältig gefiltert werden [vgl. Bachfeld 2003, S. 3].

3 Incident Response

Ist es innerhalb eines Systems zu einem Sicherheitsvorfall gekommen, so ist es unbedingt notwendig, strukturiert und geplant darauf zu reagieren. Dieser Vorgang wird in der Computer-Forensik als Incident Response (Incident = Vorfall, Störung; Response = Reaktion, Stellungnahme) bezeichnet [DFN-CERST 2008, S. 1].

Es muss geklärt werden, ob es sich bei dem Vorfall „nur“ um eine Störung im System handelt, oder, ob tatsächlich ein Einbruch stattgefunden hat. Liegt eine Straftat vor, so muss schnellstmöglich abgeschätzt werden, welcher Schaden verursacht wurde und welcher eventuell noch entstehen kann. Dazu ist es wichtig, die Vorgehensweise (wie in Kap. 2 beschrieben) des Angreifers nachvollziehen zu können, um auszuloten, welche Schwachstellen er ausgenutzt hat und was möglicherweise noch sein Ziel sein könnte (vgl. Abschnitt 2.1 ff). Um später gegebenenfalls juristische Schritte einzuleiten, muss bereits in der frühen Phase der Ermittlung sorgfältig mit den Beweisen umgegangen werden (siehe Abschnitt 4.2; Schritt 2).

Die folgenden Schritte stellen exemplarisch eine Anleitung zur Vorgehensweise dar, um zu klären, ob der Verdacht auf einen Zugriff tatsächlich zutrifft [vgl. DFN-CERT 2008a].

Um eine schnelle und reibungslose Behandlung von Systemeinbrüchen gewährleisten zu können, sollten bereits vor einem Sicherheitsvorfall bestimmte Schritte geplant werden. Jeder, der Zugriff auf ein IT-System hat, sollte ein Bewusstsein dafür entwickeln, dass vor allem fahrlässiges Handeln oft zu Schwachstellen führen kann. Die auf dem System laufenden Anwenderprogramme, sowie das Betriebssystem, sollten stets auf dem neuesten Stand sein und Sicherheitspatches sollten direkt nach Erscheinen eingespielt werden. Dies sorgt dafür, dass Sicherheitslücken schnellstmöglich geschlossen werden [vgl. Geschonneck 2008a, S. 43]. Liegt eine ausführliche Dokumentation der Systeme vor, so kann dies helfen, Fehler schnell nachvollziehen und beheben zu können. Eine Liste mit den zuständigen Ansprechpartnern oder der Ermittlungsbehörde ist wichtig, damit möglichst zeitnah reagiert werden kann [vgl. DFN-CERT 2008a, S. 1].

Um überhaupt zu bemerken, dass sich ein Angreifer unbefugten Zugang zu einem System verschafft hat, müssen die Hinweise hierauf richtig gedeutet werden. Nicht selten sind Systemeinbrüche nur anhand weniger und vor allem unauffälliger Anomalien zu erkennen [vgl. Geschonneck 2008a, S. 45]. Je größer der Abstand zwischen dem Angriff und dem Entdecken des Angriffs ist, desto mehr Zeit hat der Angreifer, Schaden auf dem System anzurichten. Die folgenden Abschnitte zeigen auf, welche Anzeichen den Verdacht auf einen Angriff erhärten.

Die zuständigen Systemadministratoren sollten regelmäßig die aktuellen Log Files sichern und analysieren. Anzeichen für Anomalien können hier unerwartete Starts, Neustarts und/oder Abstürze von Diensten und ungewöhnliche Fehlermeldungen sein [vgl. DFN-CERT 2008b]. Speziell bei Windows-Systemen sollte auf das nicht ordnungsgemäße Abschalten von Diensten, wie der Antivirenprogramme, geachtet werden.

In jedem Fall sollte dafür gesorgt werden, dass alle aktiven Benutzer, die angemeldet sind oder waren, protokolliert werden. Anhand dieser Daten lässt sich überprüfen, ob Anmeldungen von Benutzern zu ungewöhnlichen Zeitpunkten, wie beispielsweise mitten in der Nacht, stattgefunden haben. Gibt es Benutzer, die nicht in das System gehören, so sollte dem unbedingt nachgegangen werden [vgl. DFN-CERT 2008b, S. 1]. Läuft das System unter Windows, können Benutzer unbefugt mit erweiterten Rechten versehen worden sein, oder aber der Gruppe der lokalen bzw. Domain Administratoren wurden unbekannte Mitglieder hinzugefügt [vgl. Geschonneck 2008a, S. 47].

Ungewohnt hoher Netzwerkverkehr, sowohl eingehender, als auch ausgehender, könnte ein Zeichen für einen Angriff sein. Es könnten z. B. sensible Daten gestohlen werden [vgl. Schröm 1998, S. 1] oder Pakete des Netzwerkverkehrs abgehört werden. Das erhöhte Transfervolumen kann jedoch auch von Prozessen verursacht werden, die normalerweise nicht laufen sollen. So kann ein angegriffenes System beispielsweise dazu verwendet werden, um Massenmails, so genannte Spam-Mails, zu versenden.

Werden die laufenden Prozesse protokolliert, so lässt sich nachvollziehen, ob Prozesse zu ungewöhnlichen Zeiten gestartet wurden, ob er mit einer falschen Benutzerkennung gestartet wurde und ob das System ungewöhnlich stark ausgelastet ist oder war. Vor allem bei Windows-Systemen kommt es häufiger vor, dass aktive Prozesse ähnlich der Systemdateien und/oder Serverprozessen benannt werden, um nicht gleich erkannt zu werden. Oft werden diese in ungewöhnlichen Pfaden versteckt [vgl. DFN-CERT 2008c].

Das unberechtigte Ändern der Konfiguration eines Systems deutet ebenfalls auf Unstimmigkeiten hin. Um sich auf dem Zielsystem freier bewegen zu können, versuchen die Angreifer oft die Konfiguration des Systems zu verändern und sich so mehr Rechte zu verschaffen. Es werden dann neue Regeln vergeben, die es ihnen unter anderem erlauben, die Firewall neu einzustellen oder gar ganz abzuschalten [vgl. CFN-CERT 2008c].

Das System sollte zudem regelmäßig nach unbekannten Dateien durchsucht werden. Vor allem Dateien mit besonderen Rechten, oder an ungewohnt abgelegter Stelle, können den Verdacht auf einen Einbruch erhärten [vgl. DFN-CERT 2008c]. Eventuell versteckte bzw. unsichtbare Dateien lassen sich mit der entsprechenden Einstellung auf dem jeweiligen System ebenfalls anzeigen.

3.1 Intrusion Detection-Systeme

Um die oben genannten Anzeichen nicht dauerhaft „per Hand“ überprüfen zu müssen, gibt es Frühwarnsysteme, welche Intrusion Detection-Systeme (Intrusion = Einbruch; Detection = entdecken/erkennen) genannt werden. Ein IDS kann Angriffe erkennen, bevor sie ihr Ziel erreicht haben und somit die Verfügbarkeit und Integrität von Systemen und Diensten erhöhen. Wurde ein Einbruch entdeckt, so kann das IDS diese Information automatisch an die verantwortlichen Personen weiterleiten [vgl. Cole et al 2007, S. 434].

Es gibt verschiedene Ansätze, um die Anzeichen eines Angriffs aufzudecken. Man unterscheidet hierbei grundsätzlich zwischen hostbasierten und netzwerkbasierten Systemen. Hostbasierte Systeme überwachen die entsprechenden Rechner direkt, während netzwerkbasierte Systeme in der Regel Zugriff auf das gesamte Netzwerk haben. Diesen beiden Systemen wiederum liegen verschiedene Arten der Vorgehensweisen zugrunde. Sie arbeiten entweder signaturbasiert, oder aber anomaliebasiert.

Signaturbasierte IDS überprüfen die gesamte Kommunikation auf bestimmte, schädliche Bitmuster. Hierfür müssen sie speziell für jeden bekannten Angriff programmiert werden [vgl. Snell 2005, S. 2]. Die bekannten Angriffsmuster werden in einer Datenbank abgelegt, welche laufend aktualisiert werden muss (vergleichbar mir einer Antivirensoftware). Diese Systeme sind sehr effizient und haben eine niedrige Fehlalarmrate [vgl. Cole et al 2007, S. 435].

Ein anomaliebasiertes IDS erkennt Angriffe an unüblichem Verhalten des Benutzers. Bevor ein solches System zu Einsatz kommen kann, muss individuell ein Normalzustand des Systems ermittelt werden. Dieser Zustand wird anhand von Größen wie der Hauptspeicherauslastung, der CPU Leistung und der Bandbreitenauslastung des Netzwerkes im Normalbetrieb festgelegt [vgl. Cole et al 2007, S. 435]. Das anomaliebasierte IDS vergleicht dann kontinuierlich die Ist- mit der Soll-Situation. Weichen Ist und Soll voneinander ab, so kann automatisiert Meldung erstattet werden. Durch außerplanmäßige, jedoch erwünschte Aktivitäten im sonst normalen Betrieb, kommt es zu einer hohen Fehlalarmrate bei anomaliebasierten Systemen, ein Normalzustand lässt sich oft nur schwer definieren. Der Vorteil solcher Systeme ist jedoch, dass sie auch bislang unbekannte Angriffsverläufe aufdecken können.

Netzwerkbasierte Systeme werden an zentralen Punkten im Netzwerk eingesetzt (siehe Abb. 2). Dort sammeln sie bestimmte Informationen und leiten diese an eine Verwaltungskonsole weiter [vgl. Snell 2005, S. 3]. Der Vorteil ist, dass sich die gesammelten Informationen verschlüsseln, oder über ein separates Netz übertragen lassen. Diese Informationen sind Hinweise auf schadhafte Pakete oder gefährdete Ports im Netzwerk, die sich in drei Klassen einteilen lassen [vgl. Cole et al 2007, S. 436]. Die erste Klasse beinhaltet Pakete mit String-Signaturen, also auffällige Textmuster innerhalb des Paketes, welche auf einen Angriff schließen lassen. Des Weiteren wird nach Port-Signaturen gesucht. Hierbei werden Ports auf Verbindungsversuche überprüft, von denen bekannt ist, dass sie regelmäßig angegriffen werden. Als drittes werden die Header der Datenpakete im Netzwerk analysiert. Ist der Aufbau des Headers als gefährlich eingestuft oder unbekannt, so wird diese Information weitergegeben. Der Datenaustausch zwischen den einzelnen Punkten (in Abb. 4 durch rote Punkte dargestellt) und der Konsole (IDS-Managementstation) führt zu einer erhöhten Bandbreitenauslastung des Netzwerkes.

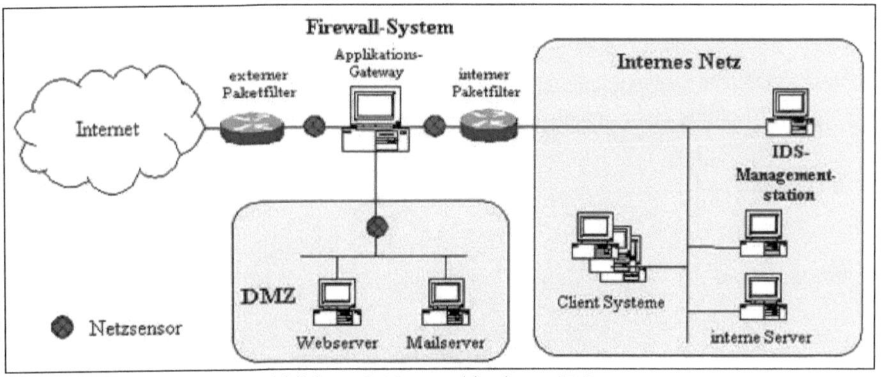

Abbildung 5: Netzwerkbasiertes IDS
[BIS 2008]

Die in Abb. 5 gezeigte Isolation von internem und dem externem Netz bewirkt eine zusätzliche Absicherung des Systems. Die hier abgebildete DMZ (= Demilitarized Zone) stellt einen separaten Zugriff auf öffentlich erreichbare Dienste wie beispielsweise E-Mails dar. Ein berechtigter Zugriff von Außen erfolgt hier nur auf die DMZ. Das interne Netz bleibt so vor unberechtigten Zugriffen geschützt.

Ein hostbasiertes IDS muss gegenüber netzwerkbasierten Systemen auf jedem Rechner, der überwacht werden soll, einzeln installiert werden (siehe Abb. 6, blaue Punkte). Diesen überwacht er mit Hilfe der Log Files und der Auditingsysteme, welche Zugriffe auf sicherheitsrelevante Daten und Funktionen protokollieren. Zum einen gibt es so genannte Host Wrapper oder auch Personal Firewalls [vgl. Snell 2005, S. 3], die die gesamten schadhaften Login- und Verbindungsversuche, sowie die Datenpakete, die den jeweiligen Rechner erreichen protokollieren. Zum anderen gibt es hostbasierte IDS, welche auf Agenten basieren. Diese sind so konfiguriert, dass sie sowohl Änderungen an Benutzerrechten wichtiger Systemdateien, als auch Zugriffsversuche auf diese erkennen. Hostbasierte IDS erkennen eine Vielzahl von Angriffen, müssen aber auf jedem Rechner einzeln gewartet werden.

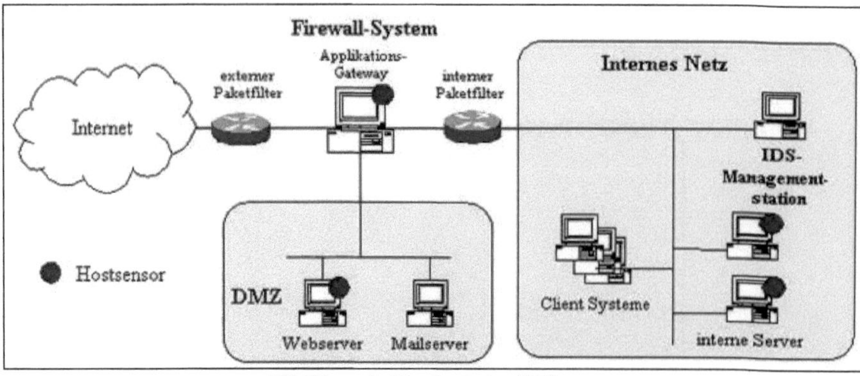

Abbildung 6: Hostbasiertes IDS
[BIS 2008]

3.2 Intrusion Prevention-Systeme

Ein Intrusion Prevention-System ist im Prinzip ein IDS mit erweiterten Funktionen. Neben dem Erkennen von Systemeinbrüchen und dem Benachrichtigen der zuständigen Personen kann ein IPS so konfiguriert werden, dass es im Alarmfall verschiedene Schutzmaßnahmen selber ausführt. Diese Maßnahmen können entweder das Unterbrechen oder das Verändern des Datenverkehrs sein. Da IPS beim Aufspüren von Angriffen genau so arbeiten wie IDS können diese ebenfalls host- oder netzwerkbasiert sein [vgl. Cole et al 2007, S. 439].

3.3 Penetrationstests

Systeme sollten auf ihre Schwachstellen hin überprüft werden. Mit so genannten Penetrationstests wird ein Angriff simuliert. Damit lässt sich auch überprüfen, ob die IDS bzw. IPS ordnungsgemäß arbeiten. Diese Aufträge werden zumeist an unabhängige externe Firmen, die sich auf dieses Gebiet spezialisiert haben, vergeben. Die Ziele der Auftraggeber sind vor allem:

1. *Erhöhung der Sicherheit der technischen Systeme*
2. *Identifikation von Schwachstellen*
3. *Bestätigung der IT-Sicherheit durch einen externen Dritten*
4. *Erhöhung der Sicherheit der organisatorischen und personellen Infrastruktur*

[BSI 2003, S. 10-11]

Das Ergebnis des Tests kann dann dazu genutzt werden, vorhandene Schwachstellen zu beseitigen und organisatorische Abläufe zu optimieren. Abb. 7 zeigt, welche Arten von Penetrationstests durchgeführt werden können. Die Entscheidung, wie getestet werden soll, liegt bei dem jeweiligen Auftraggeber.

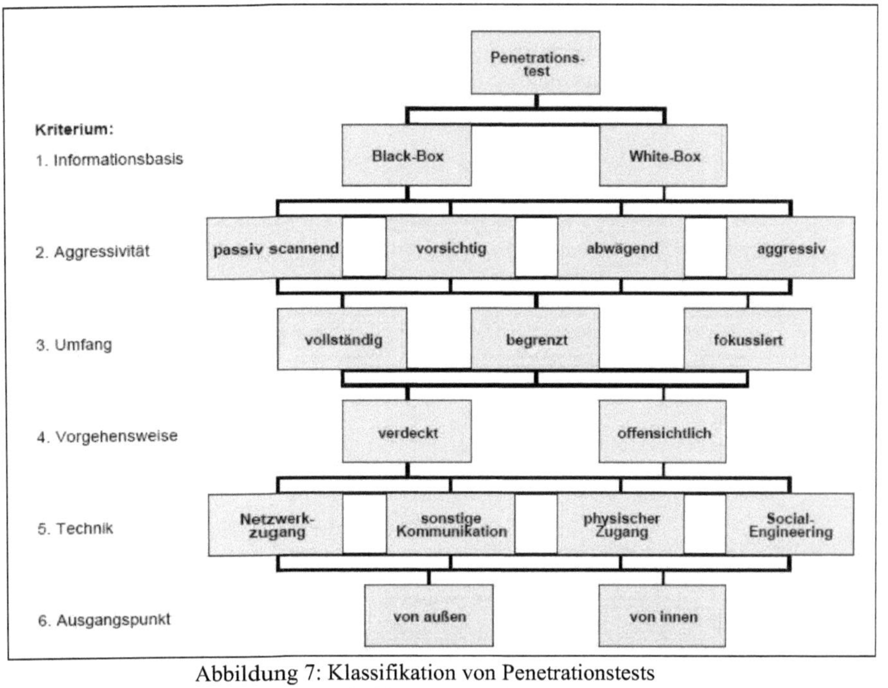

Abbildung 7: Klassifikation von Penetrationstests
[BSI 2003, S. 13]

Im ersten Schritt wird festgelegt auf welcher Informationsbasis der Test durchgeführt werden soll. Black-Box bedeutet in diesem Fall, dass der Angriff aus Sicht eines unbeteiligten Angreifers mit keinen Vorkenntnissen über das anzugreifende System gefahren wird. Bei der White-Box Variante wird von einem Mitarbeiter oder sonstigen Personen mit zumindest geringen Kenntnissen ausgegangen. Auch ist es wichtig zu klären, welche Systeme von welchem Punkt aus und mit welcher Intensität angegriffen werden sollen [vgl. BSI 2003, S. 13].

Ein Penetrationstest spiegelt allerdings immer nur die aktuelle Situation wider. Da ständig neue Sicherheitslücken in Anwendungsprogrammen und IT-Systemen entdeckt werden, kann nicht von einem dauerhaften Schutz für die Zukunft ausgegangen werden [vgl. BSI 2003, S. 12].

3.4 Eindämmung des Vorfalls

Ist es einem Angreifer trotz aller Sicherheitsvorkehrungen dennoch gelungen, ein System zu kompromittieren, so müssen möglichst schnell einige Informationen gesammelt und der Vorfall klassifiziert werden. Es gilt zu klären, welche Schwachstelle ausgenutzt wurde, wann der Angriff stattgefunden hat und vor allem, welcher Schaden bisher entstanden ist und welchen Schaden der Angreifer möglicherweise noch anrichten kann. Anhand dieser Punkte kann das weitere Vorgehen geplant werden. Hierbei muss immer zwischen dem eigenen Schaden und dem Schaden Dritten gegenüber abgewogen werden. Das Abschalten des Mailservers würde zwar das Versenden von schadhaften Spam-Mails unterbinden, doch damit würde sowohl der komplette interne, als auch der externe Mailverkehr zum Erliegen kommen. Diese Alternative kann für einige Organisationen undenkbar sein. Ist es also aus gegebenen Umständen nicht möglich den betroffenen Dienst oder gar Teile des IT-Systems abzuschalten, so muss zumindest Schadensbegrenzung betrieben werden. Als lokale Maßnahmen seien hier das Sperren von betroffenen Benutzeraccounts, das Überprüfen des Systems mittels aktueller Antivirenprogramme, das Abschalten angegriffener Dienste (sofern möglich) sowie das Aufspüren und Entfernen möglicher Hintertüren. Netzseitige Maßnahmen können das Sperren betroffener IP-Adressen, das Beschränken des betroffenen Systems auf ein Quarantänenetz oder ebenfalls das Sperren angegriffener Dienste oder Protokolle (wenn möglich) sein [vgl. DFN-CERT 2008a, Abschnitt 4].

Spätestens in diesem Stadium eines Angriffs sollte die Computer-Forensik in die Planung mit einbezogen werden. Dies gilt vor allem dann, wenn der Fall später gerichtlich verfolgt werden soll. Vor allem für die Sicherung der Beweisspuren ist unbedachtes und vorschnelles Handeln, wie im folgenden Kapitel erläutert, häufig ein Fehler.

4 Computer-Forensik

Der Schaden, der einem Unternehmen durch einen Einbruch in die IT-Systeme entstehen kann, ist enorm. Der Vorfall muss eingegrenzt werden, es müssen Sicherheitsmaßnahmen getroffen werden und die Beweisspuren müssen gesichert werden. Verfügt das eigene Unternehmen nicht über die nötigen Kompetenzen für diese Aufgaben, so sollte es ein externes Forensik-Team beauftragen.

Die Computer-Forensik beschäftigt sich mit dem Nachweis und der Ermittlung von kriminellen Handlungen in Computersystemen. Das Hauptziel der Ermittlung ist das vollständige und korrekte Sichern von Beweisen, die auch vor Gericht Bestand haben. Forensiker beschäftigen sich ebenfalls mit dem möglichst exakten Rekonstruieren des Tathergangs um Schäden und weitere Risiken zu minimieren. Von großer Bedeutung ist die lückenlose Dokumentation der Vorgehensweise und der Ergebnisse der verschiedenen Arbeitsschritte. Jeder Schritt muss rekonstruierbar und nachvollziehbar sein [vgl. Geschonneck 2008a, S. 79]. Soll der Fall später juristisch verfolgt werden, so befasst sich die Ermittlung auch mit dem Identifizieren des Täters oder aber der Täter. Auch lässt sich so herausfinden, ob der Angriff von Außerhalb kam, oder ob es sich bei dem Täter/den Tätern um einen/mehrere Mitarbeiter des eigenen Unternehmens handelt/handeln. Aus Imageverlustgründen werden allerdings nur die wenigsten Fälle tatsächlich vor Gericht gebracht. Vielen Firmen ist bewusst, dass sie eine Menge Kunden verlieren könnten, würde herauskommen, dass die IT-Systeme nicht sicher genug waren, um einen Einbruch zu verhindern.

4.1 Ermittlungsziele

Die vorangegangen Kapitel können als Ziele einer forensischen Ermittlung herangezogen werden. Zusammengefasst sind dies die Methoden des Angreifers aufzudecken, die Schwachstellen, welche einen Einbruch ermöglicht haben, zu erkennen und die Spuren für juristische Schritte zu sichern. Auch das Ermitteln des/der Angreifers/Angreifer ist ein Ermittlungsziel.

Die Kernfrage, mit der sich die Computer-Forensik befasst, kann wie folgt formuliert werden: *„Wie stellt man sicher, dass so viele Informationen wie möglich von einem kompromittierten System gesammelt werden können, wobei der aktuelle Zustand bzw. Status dieses Systems so wenig wie möglich verändert wird?" [Geschonneck 2008a, S. 61].* Sieht man diese Frage als Grundlage der forensischen Ermittlung, so lässt sie sich in weitere Unterfragen aufteilen.

- *Wie wird der Angriff verifiziert?*
- *Wie sollten der kompromittierte Rechner und die zugehörige Umgebung gesichert werden?*
- *Welche Methoden können für die Sammlung von Beweisen verwendet werden?*
- *In welcher Reihenfolge sollen die Beweisspuren gesammelt werden?*
- *Wo sucht man nach Anhaltspunkten und wie können sie gefunden werden?*
- *Wie kann das Unbekannte analysiert werden?*

[Geschonneck 2008a, S. 62]

Im Verlauf der gesamten Ermittlung ist es wichtig zu beachten, dass alle Schritte und Ergebnisse nachvollziehbar und glaubwürdig sind. Da nicht jeder, der im Nachhinein mit der Auswertung der Unterlagen beschäftigt ist (Anwälte, Richter etc.), über das Know-How eines Experten verfügt, müssen sich alle Arbeitsschritte genau rekonstruieren lassen. Jeder Vorgang muss bei erneuter Durchführung zu demselben Ergebnis führen, die Schritte müssen sich also reproduzieren lassen. Damit die Ermittlungsergebnisse allgemein anerkannt werden, empfiehlt es sich, Verfahren und Werkzeuge einzusetzen, die bereits bei anderen Untersuchungen erfolgreich benutzt wurden. Der zuständige Ermittler sollte zudem genau wissen, wie diese Verfahren arbeiten und welche Ergebnisse sich damit erzielen lassen, denn nur so kann die Auswertung später glaubhaft präsentiert werden [vgl. Geschonneck 2008a, S. 62-63]. Es muss dringend sichergestellt sein, dass während der gesamten Ermittlung keine unbefugten Personen Zugang zu den betroffenen Systemen bzw. der betroffenen Hardware haben, damit keine Spuren manipuliert werden können.

4.2 Ermittlungsschritte

Eine forensische Ermittlung sollte stets gut strukturiert durchgeführt werden. Vorschnelles und nicht abgesprochenes Handeln kann großen Schaden anrichten und

Beweisspuren könnten vernichtet werden. Es ist sinnvoll, das Vorgehen in verschiedene Schritte aufzuteilen [vgl. Geschonneck 2008a, S. 63]. Jeder Mitarbeiter des forensischen Teams hat seine festen Aufgaben und kann diese je nach Ermittlungsphase zum Einsatz bringen.

Als Leitfaden für die jeweilige Ermittlung kann der in Abb. 8 dargestellte Ablaufplan herangezogen werden. Grunwald [2002] zeigt auf, wie die einzelnen Vorgehensweisen voneinander abhängen und in welcher Reihenfolge sie sinnvoll durchgeführt werden können. Diese Anleitung gibt allerdings nur einen sehr groben Überblick über die Abfolge der einzelnen Schritte.

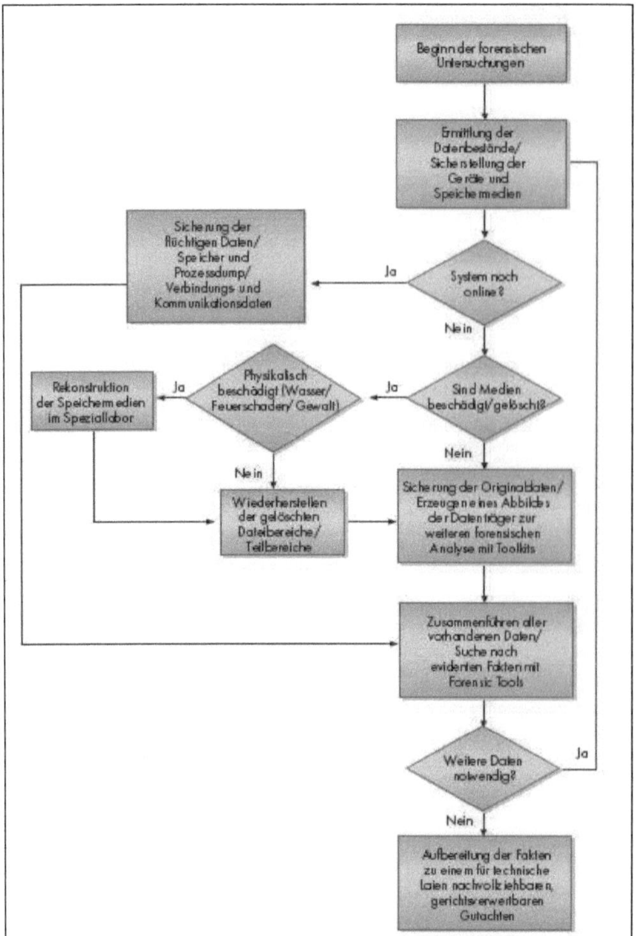

Abbildung 8: Ablaufplan einer forensischen Ermittlung
[Grunwald 2002, S. 102]

Geschonneck [2008, S. 64] teilt die Ermittlung in die folgenden Arbeitsschritte ein und gibt zusätzlich eine Anleitung zur Durchführung.

Schritt 1: Vorbereitung

Verfügt eine Unternehmung über kein eigenes Team für Computer-Forensik und gibt die Untersuchung an externe Ermittler ab, so bedarf es der Autorisierung der Unternehmensleitung. Gerade in Bezug auf das Persönlichkeits- und Datenschutzrecht ist diese Genehmigung wichtig. Werden die geltenden Rechte während einer Ermittlung nicht berücksichtigt, so ist sie später vor Gericht nicht haltbar. Der konkrete Auftrag sollte das Ermittlungsziel klar definieren und von der Unternehmensleitung abgezeichnet werden.

Schritt 2: Umgang mit Beweismitteln

Wie bereits einleitend erwähnt, muss zu jedem Zeitpunkt der Ermittlung sichergestellt sein, dass kein unbefugter Dritter Zugang zu den Beweismitteln hat. Es muss also eine sichere Arbeitsumgebung geschaffen werden. Eine Manipulation der Daten macht die gerichtliche Verwertbarkeit der Untersuchung zunichte. Doch nicht nur durch böswilliges Eingreifen kann es zum Verändern der Daten kommen. Unsachgemäßes Handeln mangels Wissen kann ebenfalls verheerende Folgen haben. So kann beispielsweise allein das Aufrufen der Konfigurationsdateien den Zeitstempel der Dateien verändern (siehe Abschnitt 5.2).

Schritt 3: Sammeln der Daten

Um zu vermeiden, dass evtl. Fehler am kompromittierten System gemacht werden, die nicht wieder rückgängig gemacht werden können, werden betroffene Datenträger bitweise kopiert und so ein Datenträger-Image erstellt. Die weitere Ermittlung wird dann an einer exakten Kopie des originalen Systems durchgeführt. Dieses bitweise Kopieren ist wichtig, da ein „normales" Kopieren wichtige Einträge wie z. B. Systemdatum und –uhrzeit aktualisiert und somit die alten Einträge überschreibt. Zum Sammeln dieser so genannten flüchtigen Daten darf ein laufendes System nicht ausgeschaltet werden, da sie danach nicht mehr verfügbar wären. Welche der flüchtigen Daten genau gesammelt werden, wird in Abschnitt 4.7.1 näher erläutert.

Schritt 4: Analyse

Bei der Analyse werden die gesammelten Daten und die Images der Datenträger untersucht und ausgewertet. Hierbei wird überprüft, welche Informationen verwertbar und relevant sind. Da die Analyse erst nach dem Sammeln der Daten und Informationen stattfindet, spricht man auch von der Post-Mortem-Analyse (siehe Kap. 5).

Schritt 5: Dokumentation

In der letzten Phase der Ermittlung müssen die Ergebnisse und Schlussfolgerungen der forensischen Untersuchung genau dokumentiert werden. Es muss genau aufgelistet werden, wer wann welche Schritte durchgeführt hat. Sämtliche Erkenntnisse müssen aufgearbeitet und zusammengefasst werden. Durch eine ordentliche Dokumentation lässt sich vor allem leicht überprüfen, ob ordnungs- und auftragsgemäß gearbeitet wurde.

4.3 Sichern, Analysieren, Präsentieren

Die Sammlung und Auswertung der digitalen Beweisspuren erfolgt mit verschiedenen forensischen Tools. In der Praxis hat sich ein Drei-Phasen-Modell durchgesetzt. Anhand der jeweiligen Phase kann von den Forensikern ein entsprechend geeignetes Werkzeug gewählt werden [vgl. Geschonneck 2006b, S. 2]. Dieses Modell wird in die Phasen Sichern, Analysieren und Präsentieren (engl.: Secure, Analyse, Present) eingeteilt und abgekürzt als S-A-P-Modell bezeichnet.

In der Secure-Phase geht es erst einmal darum, die Daten des verdächtigen Systems vollständig und korrekt zu sichern. Diese Daten müssen unbedingt geschützt aufbewahrt werden um jederzeit Authentizität gewährleisten zu können. Bereits in dieser frühen Ermittlungsphase sollte daher eine lückenlose Protokollierung vorgenommen werden. Sollte der Fall später vor Gericht verhandelt werden, sind diese Sicherheitsvorkehrungen unbedingt erforderlich [vgl. Geschonneck 2008a, S. 65]. Ein Forensiker sollte stets unvoreingenommen an einen Tatort herangehen. Es gilt auch jene Spuren zu sichern, welche den Tatverdacht möglicherweise entkräften und Beweisspuren, die noch keinen Schluss zulassen, jedoch belegen, dass das System verändert wurde um bestimmte Informationen oder Spuren zu verbergen. Erfahrene Forensiker sollten zudem ein Gespür dafür entwickeln, ob es sich bei einer Spur um einen echten Beweis handelt, oder ob sie vom Angreifer als Ablenkung vom eigentlichen Tathergang ablenken soll [vgl. Geschonneck 2008b, S 2ff]. Da nicht alle Daten eines Systems bei einem Neustart oder Systemabsturtz erhalten bleiben bzw. schon während des Betriebs überschrieben werden, müssen sie mit verschiedener Priorität gesichert werden. Die folgende Abbildung zeigt die von Geschonneck [2006b, S. 2] empfohlene Sicherungsreihenfolge.

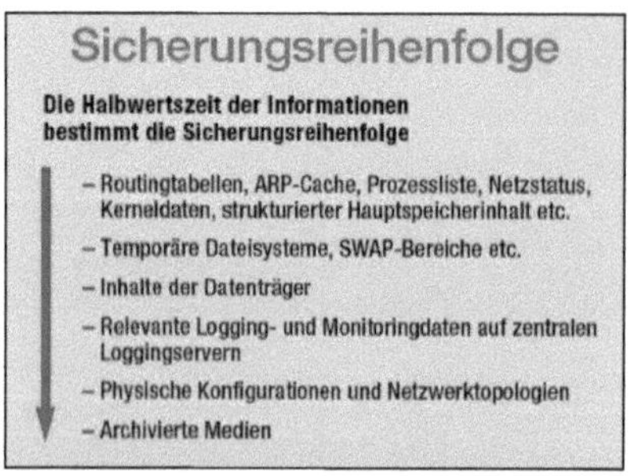

Abbildung 9: Sicherungsreihenfolge
[Geschonneck 2006b, S. 2]

Die jeweiligen Verfahren zur Sicherung der genannten Daten werden im Verlauf dieses Kapitels erläutert.

In der zweiten Phase, der Analyse-Phase, geht es um die Bewertung der Ergebnisse aus der Secure-Phase. Die Erkenntnisse, zu denen der Ermittler hierbei gelangt, sollten ebenfalls im Protokoll vermerkt werden. Auch in dieser Phase gilt, dass alle Beurteilungen unvoreingenommen und kritisch vorgenommen werden müssen [vgl. Geschonneck 2006b, S. 2; Geschonneck 2008a, S. 65]. Die subjektive Meinung eines Ermittlers hat später vor Gericht kaum Gewicht und sollte vermieden werden.

Die Present-Phase stellt den Abschluss der Ermittlung dar. Abhängig davon, wem die Ergebnisse vorgelegt werden sollen, müssen die protokollierten Schritte dargestellt werden. *„Dazu zählt neben einer lückenlosen, auf technischen Details basierenden Dokumentation auch eine klare, kurze Zusammenfassung für Entscheidungsträger" [Geschonneck 2006b, S. 2]"* Die Dokumentation unterliegt dem Anspruch, auch für Laien verständlich sein zu müssen. Eine Präsentation erfolgt zielgruppenorientiert. Das bedeutet, dass sie beispielsweise einem Richter so vorgelegt wird, dass sie auch ohne das technische Know-how nachvollziehbar ist und einem weiteren Forensiker so, dass er die jeweiligen Schritte nachvollziehen kann.

Die Werkzeuge für die verschiedenen Ermittlungsschritte müssen bestimmte Anforderungen erfüllen. Um die Authentizität der gesicherten Daten zu gewährleisten müssen sie über Verfahren zur Erstellung von Prüfsummen verfügen (siehe Kap. 5). Wichtig hierfür ist auch, dass sich die Daten verschlüsseln lassen. Ist es einem Angreifer gelungen Daten auf dem betroffenen System zu löschen, so kann man diese mit Hilfe verschiedener Tools wiederherstellen (das genaue Verfahren hierfür zeigt Kap. 6). Des Weiteren führt Geschonneck das Erstellen eines zeitlichen Ablaufs mittels MAC-Time-Analyse (siehe Abschnitt 5.2), das Erstellen von Berichten sowie die Möglichkeit zur Schlüsselwortsuche in Datenträger-Images als wichtige Eigenschaften forensicher Tools auf. Um Daten auf eigenen Medien zu sichern und Duplikate anzulegen, muss gewährleistet sein, dass diese sowohl virenfrei als auch vollständig leer sind, da das Ergebnis sonst verfälscht würde. Dies lässt sich ebenfalls mit bestimmten Tools erreichen [vgl. Geschonneck 2006b, S. 2-3].

4.4 Sicherstellen der betroffenen Hardware

In vielen Fällen einer forensischen Ermittlung ist es notwendig die betroffene Hardware des Systems sicherzustellen, um sie vor weiterem Zugriff Dritter zu schützen (z. B. Bürorechner) oder sie in einem Labor genauer zu untersuchen. Zur Sicherstellung ist ein genauer Ablauf der Vorgehensweise des Ermittlers bzw. der Ermittler empfehlenswert. Geschonneck gibt hier jeweils eine Anleitung für das Verhalten bei einem eingeschalteten System sowie einem ausgeschalteten System. Seine Ausführungen beziehen sich hierbei in erster Linie auf Client-PCs.

Für ausgeschaltete Systeme gilt, dass unbefugte Personen sowohl vom System als auch von der Stromversorgung entfernt werden müssen. Die Umgebung des betroffenen

Systems sollte genau dokumentiert werden, möglichst mit einer Kamera. Das System darf unter keinen Umständen eingeschaltet werden, da so wichtige Zeitstempel verändert würden. Strom- und Netzwerkkabel müssen entfernt werden, damit das System nicht über eine WakeOnLAN-Funktion wieder hochgefahren werden kann. Der nähere Arbeitsplatz sollte nach Notizen und sonstigen Datenträgern wie DVDs und USB-Sticks abgesucht werden, da zu diesem Zeitpunkt noch nicht ausgeschlossen werden kann, dass es sich eventuell um einen Innentäter handelt. Die sichergestellten Geräte müssen beschriftet und ins Protokoll aufgenommen werden. Der Ermittler sollte sich beim Systembetreiber nach Passwörtern und Besonderheiten des Systems erkundigen [vgl. Geschonneck 2008a, S. 92], um eine reibungslose Analyse durchführen zu können.

Die von Geschonneck empfohlenen Schritte für eingeschaltete Systeme überschneiden sich in einigen Punkten mit denen für ausgeschaltete Systeme. Unbefugte Personen müssen vom System und der dazugehörigen Stromversorgung ferngehalten werden, die Umgebung muss dokumentiert werden und die relevanten Passwörter und Systemeigenschaften sind zu erfragen. Der aktuelle Bildschirminhalt, sofern er denn sichtbar ist, muss ebenfalls dokumentiert werden. Befindet sich der Bildschirm im Zustand Bildschirmschoner oder ist im Stand-By-Betrieb, so muss die erste Mausbewegung bzw. das Betätigen der Tastatur sowie alle sonstigen Aktivitäten zeitlich festgehalten werden, um mögliche Veränderungen der Zeitstempel nachvollziehen zu können. Je nachdem um was für einen Vorfall es sich handelt, kann eine Live-Analyse der flüchtigen Daten, wie in Abschnitt 4.7.1 beschrieben, durchgeführt werden.

4.5 Erkenntnisse sammeln

Um die in Abschnitt 4.3 erwähnten Beweise zu sichern, muss sich ein Forensiker mit der Frage auseinander setzen, welche Daten für einen Beweis von Bedeutung sein können. Erst, wenn klar ist wonach gesucht werden muss, kann erörtert werden, wo danach gesucht werden kann.

Geschonneck [2008a, S. 66ff] gibt hierfür eine Reihe ermittlungsrelevanter Fragen vor und teilt diese in die Bereiche Einbruchsanalyse, Schadensfeststellung, Analyse der Angriffstools, Logdatei-Analyse und die Suche nach weiteren Spuren ein. Diese Fragen werden im Folgenden aufgegriffen und erweitert. Um das Ausmaß des Angriffs und die Absichten des Täters einzugrenzen, ist es hilfreich, ihn zu lokalisieren. Zumindest soweit, dass sich erkennen lässt, ob es sich um einen internen oder einen externen Angreifer handelt, oder ob ein Externer eventuell wichtige Informationen von einem Mitarbeiter erhalten hat. Innentäter verfügen zumeist über Insiderwissen, wie etwa Login-Passwörter anderer Kollegen oder wissen, wann zuständige Sicherheitsabteilungen unterbesetzt sind. Externe Täter verfügen jedoch häufig über ein größeres technisches Know-how und können daher komplexe Angriffe vornehmen. Das Wissen um die Identität des Täters oder der Täter hilft also, die ausgehende Gefahr richtig einzuschätzen. Aufschluss hierüber können Zutrittskontrollsysteme oder Videoüberwachungskameras geben. Geschonneck weißt hierbei darauf hin, dass geltende Datenschutzbestimmungen unbedingt beachtet werden müssen.

Ein Ermittler wird sich des Weiteren mit der Frage beschäftigen, was genau der Angreifer auf dem System gemacht hat oder noch machen wird. Um diese Frage zu beantworten, muss ein Forensiker sich mit den in Abschnitt 2.1ff beschriebenen Angriffsarten auskennen. Zu welchen Daten hatte der Täter Zugang, ist es ihm gelungen diese zu verändern oder zu löschen? Die Wahl des Angriffs kann als Indiz dienen, mit welchem Ziel in das System eingebrochen wurde.

Wichtig ist auch zu klären, wann der Vorfall stattgefunden hat und wie lange er gedauert hat. Anhand der Dauer lässt sich abschätzen, welche Aktivitäten vom Täter realisierbar gewesen sein könnten. Im Zuge einiger Ermittlungen kann es vonnöten sein, Kontakt zu weiteren Institutionen wie etwa weiteren Betroffenen oder dem Internetanbieter aufzunehmen. Soll hier ein Abgleich des Vorfalls veranlasst werden, muss der Zeitpunkt der Tat zumindest grob eingegrenzt werden. Auch lässt sich mit der Tatzeit feststellen, ob der Angreifer sich noch auf dem System befindet oder ob davon auszugehen ist, dass er noch einmal wiederkommt, wenn er in seinem Tun unterbrochen wurde. Gefundene Rootkits und Backdoors können Indizien hierfür sein. Liegt der Verdacht nahe, dass der Angreifer wieder ins System eindringt, so muss abgewogen werden, ob man ihn weiter beobachten will, um möglicherweise weitere Spuren zu sammeln, oder, ob es sinnvoller ist mit der Schadensbegrenzung anzufangen.

Nicht uninteressant ist der Umfang des Angriffs. Im Prinzip gilt, je größer das Ausmaß, desto mehr Spuren werden hinterlassen und können, wenn sie gefunden werden, als Beweise dienen. Für die spätere Schadensbehebung ist es natürlich ebenfalls wichtig zu wissen, welche Systeme noch betroffen sind.

Je genauer das Täterprofil wird, desto einfacher ist es, Konsequenzen zu ziehen und dafür zu Sorgen, dass ein Angriff solcher Art in Zukunft nicht mehr möglich ist. Hat der Täter das betroffene System bewusst ausgewählt oder ist er mittels Portscan nur zufällig dort gelandet? Wie versiert ein Täter auf seinem Gebiet ist, kann anhand der verwendeten Technik und der benutzen Tools eingeschätzt werden. Hat er bisher unbekannte oder eigene Tools benutzt, so können seine Fähigkeiten als hoch eingestuft werden. Die Art der Tools kann ebenfalls Rückschlüsse auf weitere Ziele zulassen, wenn sie beispielsweise in der Vergangenheit schon oft für bestimmte Zwecke benutzt wurden. Anhand gefundener Rootkits lässt sich überprüfen, ob diese in der Standardkonfiguration oder mit eigenen Modifikationen benutzt wurden, um länger unerkannt zu bleiben, dies steigert die Gefährlichkeit eines Angreifers. Besteht der Verdacht, dass die Tools selbst geschrieben wurden, so kann die verwendete Programmiersprache einen weiteren Hinweis auf den Täterkreis geben. Wichtig sind hier die Fragen, ob eine seltene Programmiersprache benutzt wurde, in welcher Sprache die Kommentare verfasst wurden und ob in selbigen Hinweise auf Namen oder Gruppen zu finden sind. Ist auf dem betroffenen System ein IDS oder ein IPS installiert, so kann nachvollzogen werden, wie die Tools aufgerufen wurden. Sind die Befehle schnell hintereinander Übergeben worden, so lässt dies auf automatisierte Scripte schließen und ist wohl professioneller einzustufen als eine Eingabe von Hand.

Verfügt das betroffene System über IDS oder eine Firewall, sind die Logdateien dieser gründlich zu bewerten, evtl. finden sich dort IP-Adressen des Angreifers. Lassen sich in ihnen keine verdächtigen Aktivitäten feststellen, kann dies mehrere Bedeutungen haben. Im günstigsten Fall kann ein bestehender Kompromittierungsverdacht somit ausgeräumt werden. Es kann aber auch durchaus sein, dass der Angreifer einen anderen Weg ins System gefunden hat und die IDS und/oder Firewall umgangen hat. Eine weitere Möglichkeit ist, dass die Logdateien manipuliert wurden und nicht mehr die ursprünglichen Daten enthalten. Werden die Logdateien regelmäßig via Backup gesichert, müssen sie mit den veränderten Daten abgeglichen werden. Bestenfalls wurde das Backup vor der Änderung erstellt.

Für einen Angreifer ist es nahezu unmöglich, sich auf einem System zu bewegen, ohne dabei Spuren zu hinterlassen. Der Inhalt der Dateisysteme sollte daher einer gründlichen Untersuchung unterzogen werden. Viele Anwendungen hinterlassen auf der Festplatte oder in den Dokumenten, die bearbeitet wurden sichtbare und unsichtbare Spuren. Die aufgerufenen Webseiten lassen sich im Menüpunkt „Verlauf" bzw. „Chronik" des benutzten Browsers nachvollziehen (Bezeichnung variiert von Browser zu Browser). Wurden verdächtige Dateien angelegt, kann in den Eigenschaften dieser das Erstellungsdatum bzw. die Zeit nachgeschlagen werden. In einigen Fällen wird auch der Benutzername des Erstellers hinterlegt. Verfügt das vom Forensiker verwendete Tool über seine Schlüsselwortsuche, so kann er auch gezielt nach ermittlungsrelevanten Begriffen wie etwa IP-Adressen oder Dateinamen suchen. Da es einem Angreifer meist darum geht, seine Identität zu verschleiern und möglichst wenig Spuren auf dem System zu hinterlassen, so wird er versuchen diese zu beseitigen. Es muss also auch nach Hinweisen auf versteckte oder gelöschte Dateien gesucht werden. Der Täter kann die von ihm abgelegten Dateien und Tools auch verschlüsselt haben. Ist dies der Fall, so muss sie entweder mittels Wörterbuch oder Brute-Force-Angriff aufgehoben oder umgangen werden. Lässt sich die verschlüsselte Datei mit diesen Methoden jedoch nicht öffnen, so können evtl. zumindest temporäre Dateien außerhalb der Verschlüsselung noch einige Informationen enthalten. Das Auffinden von verschlüsselten Dateien in einem System sollte aber in jedem Fall Anlass zu einer gründlichen Prüfung geben und kann auch ohne Entschlüsselung als Indiz auf einen Einbruch dienen. Für eine vollständige forensische Analyse eines Systems rät Geschonneck, dieses in jedem Fall so einzustellen, dass versteckte Dateien und nicht aufgelistete Partitionen angezeigt werden.

4.6 Fehlerquellen

Bei der Sicherung von Daten, die als Beweismittel in Frage kommen, sollte besonders vorsichtig vorgegangen werden da diese leicht unbeabsichtigt verändert werden können. Es gilt, mögliche Fehlerquellen zu kennen und zu berücksichtigen. Dateien werden mit so genannten Zeitstempeln versehen. Das bedeutet, dass der Zeitpunkt des letzten Zugriffs oder der letzten Änderung in ihnen abgelegt wird. Da jeder neue Aufruf oder auch nur das Erstellen eines einfachen Backups den aktuellen Zeitstempel überschreibt, gilt es, dies zu verhindern [vgl. Farmer/Venema, S. 18ff]. In dem geführten Protokoll sollte genauestens aufgeführt werden, welche Stempel die Dateien hatten, bevor sie zu Untersuchungszwecken aufgerufen wurden. Die geänderte Zeit ist ebenfalls zu vermerken.

Forensische Tools sollten ohne grafische Oberfläche arbeiten. Anwendungen mit grafischen Oberflächen greifen auf eine Vielzahl von Daten auf dem System wie etwa Bibliotheken oder Konfigurationsdateien zu und verändern so deren aktuellen Zeitstempel. *„Beim Start sowohl von Windows als auch Gnome-Desktops unter Linux werden die Zeitstempel der letzten Zugriffs von mehr als 1.000 Dateien geändert" [Geschonneck 2008a, S. 82].* Zudem sollten die ausgeführten Kommandos und deren Ausgabe protokolliert werden.

Mit einer Liste aller laufenden Prozesse, kann man u. U. auch die Prozesse erkennen, die im Hintergrund laufen. Verdächtige Prozesse sollten allerdings nicht einfach vorschnell beendet werden. Oft werden dabei wichtige Spuren vernichtet. Denn wie im Absatz zuvor beschrieben, greifen einige Prozesse auf viele Daten des Systems zu und auch der verwendete Speicherbereich enthält Informationen, die von Interesse sein können [vgl. Geschonneck 2008a, S. 83].

Oft neigen die Verantwortlichen eines Systems dazu, aus der Schrecksituation heraus versäumte Patches und Updates in das befallene System einzuspielen. Doch dieser Schritt sollte gut überlegt sein. Um nachvollziehen zu können, wie der Angreifer in das System gekommen ist, ist es sicherlich ratsam, an der Umgebung so wenig wie möglich zu verändern. Eine ebenfalls verbreitete Reaktion auf einen Einbruch, ist das Ausschalten des betroffenen Systems. Wird das System ordnungsgemäß heruntergefahren, so werden alle brauchbaren Zeitstempel und der aktuelle Arbeitsspeicherinhalt verändert. Die so genannten flüchtigen Daten (siehe Abschnitt 4.7.1) lassen sich in diesem Fall nicht wieder herstellen. Es ist hierbei im Einzelfall zu entscheiden, ob ohne sofortige Maßnahmen ein zusätzlicher Schaden entstehen könnte [vgl. Geschonneck 2008a, S. 83f].

Systemtools, die auf einem befallenen System vorhanden sind, sollten nicht als vertrauenswürdig angesehen werden, da diese ebenfalls kompromittiert worden sein können. Es sollten daher immer eigene forensische Tools verwendet werden. Die Systemprotokolle der verwendeten Werkzeuge müssen separat, also nicht auf den angegriffenen Datenträgern, abgelegt werden [vgl. Geschonneck 2008a, S. 84]. Befindet sich der Angreifer noch auf dem System oder gelingt es ihm, sich in Zukunft erneut Zugang zu diesem zu verschaffen, so könnte er es schaffen, die Protokolle zu verändern.

Die Situation eines Sicherheitsvorfalls sollte sehr genau untersucht werden und eine Fehleinschätzung der Tragweite muss vermieden werden. Das Ausbreiten des Vorfalls auf andere angeschlossene Systeme muss untersucht und verhindert werden, damit durch fahrlässiges Handeln keine weiteren Probleme auftreten.

4.7 Datensicherung

Wie in Abschnitt 4.3 (Abb. 8) erwähnt, werden die relevanten Daten in einer bestimmten Reihenfolge gesichert. Empfindliche Datentypen sollten daher möglichst schnell gesichert werden. Zu diesem Datentyp gehören vor allem flüchtige Daten. Sie enthalten Informationen über laufende Prozesse und deren Hauptspeicherbelegung, angemeldete Benutzer, sowie den Status der Netzwerkverbindungen und befinden sich im Cache bzw.

im RAM. Beim Ausschalten des Systems gehen all diese Daten verloren. Fragile Daten zählen ebenfalls zu den empfindlichen Datentypen. Zu ihnen gehören Informationen, die sich zwar auf der Festplatte des Systems befinden, welche jedoch verändert werden, wenn man auf sie zugreift. Als Beispiel seien hier die in Abschnitt 4.5 erwähnten Zeitstempel genannt. Des Weiteren gibt es temporär zugreifbare Daten welche nur zur Laufzeit der jeweiligen Anwendung zugänglich sind. Diese befinden sich ebenfalls auf der Festplatte [vgl. Geschonneck 2006b, S 1; Geschonneck 2008a, S. 78].

4.7.1 Sicherung flüchtiger Daten

Bei der Sicherung flüchtiger Daten spricht man auch von der Live-Analyse [vgl. Klein 2006, S. 5]. Hierbei geht es darum, so schnell wie möglich alle relevanten Daten zu sammeln, ohne diese zu verändern. Sowohl das einfache Ausschalten, als auch das ordnungsgemäße Herunterfahren des betroffenen Systems, zerstört diese Informationen gänzlich. Für die Sicherung flüchtiger Daten sind strukturierte Informationen erforderlich. Zu diesen Informationen zählen:

- *Systemdatum und –uhrzeit (mit Abweichung von einer Referenzzeit)*
- *Liste der aktiven Prozesse*
- *Liste der geöffneten Sockets*
- *Liste der Anwendungen, die auf geöffneten Sockets lauschen*
- *Liste der User, die gerade angemeldet sind*
- *Liste der Systeme, die gerade eine Netzwerkverbindung haben oder vor kurzem eine hatten*

[Geschonneck 2008a, S. 85]

Nach erfolgreicher Sicherung dieser Informationen kann nach weiteren Spuren wie *„Timestamps des gehackten Systems, trojanisierten Systemprogrammen, versteckten Dateien und Verzeichnissen, verdächtigen Dateien oder Sockets und verdächtigen Prozessen" [Geschonneck 2008a, S. 85]* gesucht werden.

Die oben erwähnte Systemuhrzeit sollte vorab als Referent für alle zukünftigen Aktivitäten protokolliert werden. Es lässt sich so später nachprüfen, welche Aktionen der Ermittlung zugeordnet werden können und welche vor der Ermittlung stattgefunden haben.

Neben dem Cacheinhalt muss auch der Inhalt des Hauptspeichers gesichert werden. Der RAM sollte sowohl komplett, als auch strukturiert erfasst werden. Die strukturierten Informationen umfassen hier den jeweils zugeordneten Speicherplatz der einzelnen Prozesse und deren geladene Bibliotheken. Um diese später zuordnen zu können, geht die Sicherung der Liste der laufenden Prozesse einher.

Der Status der aktuellen Netzwerkverbindungen gibt Aufschluss darüber, welche Verbindungen aktuell aufgebaut sind, aufgebaut werden oder sich gerade abmelden. Auch die offenen Netzwerkports können hier entnommen werden. So lässt sich nachvollziehen, welche Ports bei einem Portscan ausgegeben wurden und evtl. zu dem Angriff geführt haben. Zeigt die Liste der Netzwerkverbindungen viele Anfragen auf einen Verbindungsaufbau, so ist ein DDoS-Angriff wahrscheinlich. All diese Daten sollten daher ebenfalls sorgfältig sichergestellt werden.

Da das Ausmaß des Angriffs zu diesem frühen Zeitpunkt der Ermittlung noch nicht in Gänze abzuschätzen ist, müssen auch Wechseldatenträger wie Disketten oder USB-Sticks, die an das betroffene System angeschlossen sind, gesichert werden [vgl. Geschonneck 2008a, S. 86f].

Die eingesetzten Werkzeuge zur Live-Analyse werden auf dem jeweils betroffenen, noch laufenden System eingesetzt. Dies birgt die Gefahr, dass die Ergebnisse durch z. B. trojanisierte Programme manipuliert werden. Eine komplette Kopie des Hauptspeichers soll dem entgegenwirken, da so auch versteckte Prozesse mit gesichert werden. Die Verfahren, die zum Analysieren solcher Komplettkopien eingesetzt werden, stehen noch in den Anfängen und werde daher hier nicht weiter vertieft [vgl. Klein 2006, S. 5].

4.7.2 Forensisches Duplikat

Nachdem die Sicherung der flüchtigen Daten erfolgt ist, kann es in der Secure-Phase zusätzlich von Nöten sein, ein Duplikat der betroffenen Festplatte oder der betroffenen Festplatten zu erstellen. Dieses Unterfangen ist sehr zeitaufwändig, sollte aber vor allem dann vorgenommen werden, wenn die Betroffene Festplatte schnell wieder einsatzbereit sein muss oder die Daten später vor Gericht als Beweis vorgetragen werden sollen. Die forensische Analyse des Duplikates ermöglicht es den Ermittlern, ohne das Risiko der Datenmodifikation oder des Datenverlustes zu arbeiten, da man beliebig viele Duplikate erstellen kann. Ein weiterer Vorteil ist, dass mehrere, oft zeitaufwändige Verfahren simultan durchgeführt werden können. Das Originalsystem kann nach dem Duplizieren wieder zum normalen Betrieb freigegeben oder neu aufgesetzt werden [vgl. Geschonneck 2008a, S. 89]. Dies sollte jedoch mit neuen Datenträgern geschehen, die originalen Datenträger sollten bis zu einer eventuellen gerichtlichen Verhandlung aufgehoben werden. Als verschiedene Verfahren der Duplizierung einer Festplatte nennt Geschonneck erstens das Entfernen der betroffenen Festplatte aus dem angegriffenen System um diese an das System des Ermittlers anzuschließen, zweitens das Anschließen einer weiteren Festplatte an das kompromittierte System oder drittens das Kopieren der Daten über ein geschütztes Netzwerk auf das System des Ermittlers.

Will man nun ein forensisches Duplikat einer Festplatte erstellen, so muss man diese zu erst mit einer Prüfsumme versehen. Anhand dieser Prüfsumme lässt sich später nachweisen, dass die kopierten Daten nicht modifiziert wurden, denn die Prüfsumme des Duplikats muss identisch mit der des Originals sein. Das Kopieren der Daten erfolgt bitweise, das bedeutet, genau jedes Bit wird einzeln kopiert. Für dieses Verfahren gibt es in der Forensik spezielle Tools [vgl. Cole et al 2007, S. 448f]. Es ist für eine spätere gerichtliche Verwertbarkeit der Beweise ratsam, hierzu Tools zu verwenden, welche sich in der Vergangenheit bereits bewährt haben und die allgemein anerkannt sind.

Um zu verhindern, dass die Daten beim Kopieren auch tatsächlich nicht verändert werden, setzen Forensiker Write Blocker ein. Es gibt sowohl Software.- als auch Hardwarevarianten. Diese Blocker werden zwischen das Original und die Festplatte zum Kopieren geschaltet und verhindern, dass schreibend auf die kompromittierte Platte zugegriffen wird. Die Festplatte, auf die das System dupliziert werde soll, muss absolut steril sein. Es dürfen sich auf ihr keine Daten mehr befinden, sie muss komplett leer sein. Das einfache Löschen der vorherigen Dateien reicht hierbei nicht aus [vgl. Cole et al 2007, S. 449]. Um eine Festplatte wirklich zu bereinigen gibt es wiederum verschiedene Verfahren. Kapitel 6 erläutert, was beim Löschen von Daten passiert und wie Datenträger komplett gelöscht werden.

Auf dem kopierten System lässt sich im nächsten Schritt eine Analyse der vorhandenen Daten durchführen (siehe Kap. 5). Auch hier wird wieder mittels Write Blocker vermieden, dass die gefundenen Daten verändert oder gelöscht werden. Für das Protokoll sollte regelmäßig die aktuelle Prüfsumme verzeichnet werden, damit sich auch später belegen lässt, dass die Daten zu keinem Zeitpunkt modifiziert wurden [vgl. Cole et al 2007, S. 450]. Die in Abschnitt 4.4 erwähnten Erkenntnisse lassen sich nun auf dem Duplikat sammeln.

4.8 Strukturierung des Materials

Nachdem erfolgreich alle relevanten Daten und Hinweise gesammelt wurden und die betroffene Hardware sichergestellt wurde, gilt es diese in einen zeitlichen Bezug zueinander zu setzen. Dies ermöglicht eine Rekonstruktion des Tathergangs und ist ausschlaggebend für die Beantwortung ermittlungsrelevanter Fragen. Die Fragen beschäftigen sich im Grunde genommen mit der Klärung, was die gesammelten Erkenntnisse überhaupt aussagen. Ist die strafbare Handlung ohne physikalischen Zugang zum System möglich gewesen? Wer hatte Zugang zum System? Ist es möglich, dass automatisierte Scripte ausgeführt wurden und so die Anwesenheit des Täters nicht immer nötig war? Durch die vorgenommenen Handlungen kann evtl. auch eingeschätzt werden, über welche Kenntnisse der Täter verfügt. Gibt es Hinweise auf Mittäter, etwa in E-Mails oder Messengern? Je nach Fall ergeben sich durch die Klärung dieser Fragen weitere Fragen welche ebenfalls protokolliert werden müssen [vgl. Geschonneck 2008a, S. 93f].

4.9 Anti-Forensik

Einem Täter wird daran gelegen sein, dass seine Spuren nicht, oder zumindest nicht sofort entdeckt werden oder er wird versucht das Ergebnis einer forensischen Untersuchung zu beeinflussen. Aus diesem Bedürfnis heraus hat sich die Anti-Forensik entwickelt, die sich wiederum in Anti-Detection und der eigentlichen Anti-Forensik aufteilen lässt [vgl. Geschonneck 2007, S. 104]. Diese machen es für die Ermittler schwierig, den Täter zu finden und noch schwieriger, es zu beweisen, wenn sie ihn tatsächlich gefunden haben.

Bei der Anti-Detection geht es in erster Linie darum, unentdeckt zu bleiben. Macht das System den Eindruck, als würde es normal laufen, so wird erst einmal niemand Verdacht auf einen Angriff schöpfen [vgl. Geschonneck 2007, S. 104]. Täter versuchen ihre Spuren zu verwischen oder unbrauchbar zu machen. Mittels Rootkits, Verschlüsselung oder aber Steganografie lassen sich Daten verbergen, indem sie entweder vom Ermittler nicht entschlüsselt werden können oder nicht als Spur erkannt werden. Bei der Steganografie werden Daten für etwas ausgegeben, was sich nicht sind. So können Informationen beispielsweise in Bildern versteckt werden [vgl. Geschonneck 2007, S. 106]. Ein weiteres Mittel ist das Löschen von relevanten Spuren (siehe Kap. 6). Viele Angreifer verschleiern zusätzlich Ihre Identität indem sie E-Mail-Header manipulieren oder IP-Spoofing verwenden. Um sich als Innentäter vor den wachsamen Augen des Sicherheitszuständigen zu schützen, werden vermehrt Virtuelle Maschinen, welche sich von USB-Sticks oder externen Festplatten booten lassen, eingesetzt [vgl. Geschonneck 2007, S. 106]. Eine Installation auf dem Firmensystem ist somit nicht mehr notwendig. Solche virtuellen Maschinen bieten zusätzlich den Vorteil, dass jedes Betriebssystem genutzt werden kann.

Die Anti-Forensik befasst sich mit dem Stören oder Unterbinden der Beweismittelsammlung. Dem Täter geht es hier einerseits darum, die Daten, die gesammelt werden zu manipulieren, also beispielsweise Zeitstempel zu fälschen oder Logfiles zu verändern. Auf der anderen Seite kann er die Ermittlung erheblich behindern, indem er die Forensiker auf eine falsche Fährte lockt (siehe Abschnitt. 4.3). Weiß der Täter welche Tools von den Ermittlern eingesetzt werden, so kann er eventuell bestehende Sicherheitslücken dieser ausnutzen und Beweise unbrauchbar machen oder die Untersuchung erschweren [vgl. Geschonneck 2007, S. 105]. Handelt es sich um einen Innentäter, so kann er möglicherweise leicht an diese Information gelangen (belauschen etc.).

Ist es dem Täter gelungen, seine Spuren so zu verwischen, dass sie als nicht mehr verwertbar angesehen werden müssen, so sollte versucht werden, wenigstens den Einsatz von Anti-Forensik-Tools nachzuweisen [vgl. Geschonneck 2007, S. 104].

5 Post-mortem-Analyse

Als Post-mortem-Analyse bezeichnet man die Arbeit an einem forensischen Duplikat der betroffenen Datenträger (siehe Abschnitt 4.7.2). Der erste Schritt dieser Analyse besteht darin, möglichst viele Beweisspuren wiederherzustellen. Dabei handelt es sich sowohl um gelöschte, versteckte, umbenannte oder auch verschlüsselte Dateien. Das Auswerten der aufgefundenen Informationen kann erste Hinweise liefern und den weiteren Verlauf der Ermittlung bestimmen.

Wie Abschnitt 6.3 zeigt, lassen sich in einigen Fällen durchaus vom Täter gelöschte Dateien wiederherstellen. Verschiedene der forensischen Werkzeuge bieten spezielle Tools hierfür an. Die Vorgehensweise bei dieser Aufgabe wird im weiteren Verlauf dieser Arbeit ausführlicher erläutert.

Eine wesentliche Arbeitserleichterung bei forensischen Ermittlungen bietet das Erstellen von Suchindexen, welches in einigen Werkzeugen enthalten ist. Sind alle Bereiche des Duplikats indexiert, können Inforationen mittels Schlüsselwörtern schnell aufgefunden werden. Um die Suche zu vereinfachen, können von allen aufgefundenen Dateien Hash-Werte erstellt werden, der wie ein Fingerabdruck der jeweiligen Datei angesehen werden kann. Verschiedene Firmen stellen eine Hash-Datenbank zum Abgleich zur Verfügung. Mit ihr lassen sich die berechneten Hash-Werte der Funde abgleichen und in Black- oder Whitelists einteilen, also in harmlose und verdächtige Dateien. Mit Hilfe des Hash-Wertes kann zusätzlich gewährleistet werden, dass bereits gesicherte Daten nicht mehr verändert wurden, da sich der zuvor errechnete Wert sonst verändern würde [vgl. Geschonneck 2008a, S. 102].

Die weiteren Abschnitte dieses Kapitels zeigt auf, welche Bereiche des Duplikats genau untersucht werden müssen und was dort gefunden werden kann. Zu diesen Bereichen gehört die Analyse des File Slacks, der MAC-Time, des Alternate Data Streams, der Auslagerungsdateien, eine Erweiterung der einleitend erwähnten versteckten Dateien und der Systemprotokolle.

5.1 File Slack

Damit Daten auf einer Festplatte gespeichert werden können, muss die Festplatte ein bestimmtes Format aufweisen. Bei der, meist vom Herstellen durchgeführten, Low-Lewel-Formatierung wird die Festplatte physikalisch in Spuren und Sektoren eingeteilt. Diese bilden die kleinsten Speichereinheiten auf einem Datenträger. Bei der High-Level-Formatierung wird eine logische Einteilung der Partitionsstruktur vorgenommen. Diese variiert je nach Betriebssystem und verwendeter Festplattenstruktur (NTFS, FAT etc.). Windows fasst beispielsweise mehrere Sektoren zu einem Cluster zusammen. Die Clustergröße ist bei älteren Windows-Versionen von der jeweiligen Größe der Partitionen abhängig [vgl. Geschonneck 2008a, S. 103]. Eine größere Partition bedeutet größere Cluster und somit größere File Slack Bereiche, welche im Folgenden erläutert werden. Für forensische Ermittlungen ist, wie nachfolgend erläutert wird, ein großer File Slack vorteilhaft. Aus Benutzersicht ist dies jedoch Platzverschwendung.

Die Größe einer Datei hängt von der Länge des jeweiligen Inhalts ab. Soll diese auf einem Datenträger gespeichert werden, so wird sie in Clustern abgelegt. Da die Größe der einzelnen Cluster festgelegt ist, wird eine Datei in den seltensten Fällen exakt ein bzw. mehrere Cluster genau ausfüllen. Im letzten Cluster kann es also passieren, dass einige Sektoren nicht oder nur teilweise von der Datei belegt werden. Diesen Verschnitt nennt man Slack Space bzw. File Slack [vgl. Carrier 2005, S. 187; Cole et al 2007, S. 455]. Abb. 10 zeigt die Dateieigenschaften einer PDF-Datei. Die Größe der Datei beträgt 410 KB, belegt aber auf dem Datenträger 412 KB, der File Slack beträgt also in diesem Fall 2 KB.

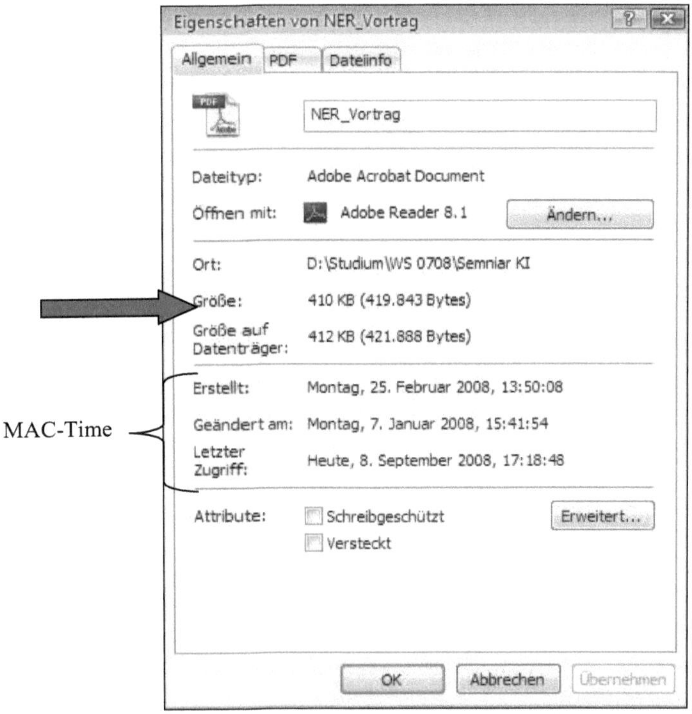

Abbildung 10: Dateieigenschaften

Der File Slack wird vom jeweiligen Betriebssystem mit zufälligen Daten aufgefüllt [vgl. Geschonneck 2008a, S. 103].

Ein Sektor, welcher nicht ganz mit den Daten einer Datei gefüllt ist, wird mit Fragmenten des Hauptspeichers aufgefüllt. Diese zufällig ausgewählten Fragmente werden als RAM Slack bezeichnet und können aus Daten, die erstellt, angesehen, heruntergeladen oder kopiert wurden bestehen. Auch enthalten sie oftmals Teile von E-Mails oder aber Benutzernamen und Passwörter, welche seit dem letzten Bootvorgang dort abgelegt wurden und noch im Hauptspeicher befindlich sind. Diese Daten können demnach auch aus verschiedenen Arbeitssitzungen stammen [vgl. Geschonneck 2008a, S. 105; Carrier 2005, S. 188].

Die restlichen Sektoren des Clusters werden mit Daten aufgefüllt, die sich bereits auf der Festplatte befinden. Sie enthalten Fragmente von bereits gelöschten Dateien und werden Drive Slack genannt [vgl. Geschonneck 2008a, S. 105; Carrier 2005, S. 187]. Die Cluster einer gelöschten Datei werden vom Betriebssystem als frei gekennzeichnet und können vom Dateisystem neuen Dateien zugeordnet werden. So ist es nicht unwahrscheinlich, dass der RAM Slack einer gelöschten Datei auf der Festplatte als Drive Slack einer neuen Datei gespeichert wird. Bei heute üblichen Festplattengrößen kann des File Slack eine Größe von mehreren hundert Megabyte erreichen. Auf Disketten und anderen externen Datenträgern finden sich ebenfalls File Slacks. Mit verschiedenen forensischen Tools lassen sich die dort befindlichen Daten analysieren [vgl. Cole et al 2007, S. 455]. Auch das unter Linux verwendete Dateisystem ext2 arbeiten mit File Slacks, hier wird dieser jedoch in zunehmendem Maße mit echten Zufallswerten aufgefüllt [vgl. Geschonneck 2008a, S. 106f].

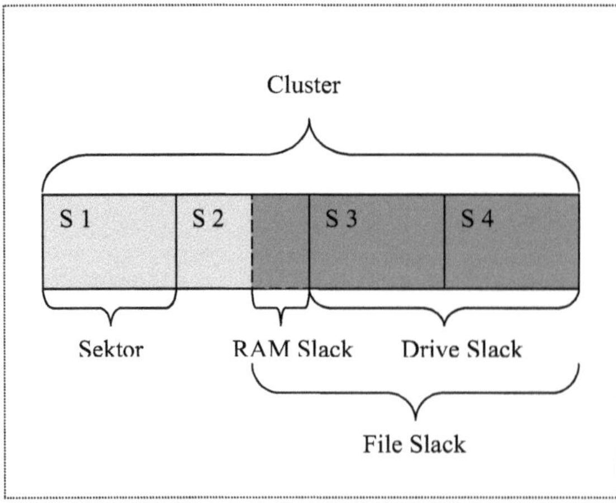

Abbildung 11: File Slack eines Clusters
[eigene Darstellung nach Geschonneck 2008a, S. 105 und Carrier 2005, S. 188]

Wie Abb. 11 zeigt, setzt sich der File Slack eines Clusters also aus dem RAM Slack des letzten, nicht vollständig gefüllten Sektors und dem Drive Slack der letzten, komplett ungefüllten Sektoren zusammen.

NTFS formatierte Dateisysteme verfügen darüber hinaus über den so genannten MFT Slack. MFT steht für Master File Table und ist die Grundlage der NTFS-Dateistruktur. Diese Systemdatei enthält Informationen, Records genannt, aller Dateien und Verzeichnisse des Laufwerks. Diese Records sind 1.024 Byte lang und teilen dem Betriebssystem mittels Attributen mit, wie mit der jeweiligen Datei zu verfahren ist. Zusätzlich werden dort manchmal auch Zeitstempel oder Teile der Datei abgelegt. Sind die Informationen einer Datei in der Menge kleiner als 1.024 Byte, so kann der übrig gebliebene Bereich Fragmente älterer Dateien enthalten. Diesen Bereich nennt man MFT Slack. Er sollte bei einer forensischen Analyse ebenfalls ausgewertet werden [vgl. Geschonneck 2008a, S. 106].

5.2 MAC-Time

Die in Abschnitt 4.5 bereits erwähnten Zeitstempel gehören zu den Daten, die bei einer forensischen Ermittlung gründlich analysiert werden müssen. Diese Zeitstempel werden auch MAC-Time genannt und geben Auskunft darüber, wann und wie auf eine Datei zugegriffen wurde. M steht für Modify und zeigt an, wann der letzte Schreibzugriff und folglich eine Veränderung der Datei erfolgt ist. Das A steht für Access, hier wird der letzte Lesezugriff auf die Datei angezeigt, also der Zeitpunkt, an dem die Datei zum letzten Mal gelesen oder aber ausgeführt wurde. Das C hat eine betriebssystemabhängige Bedeutung. Bei Linux Systemen steht es für Change und gibt die letzte Änderung der Dateieigenschaften an. Dies sind z. B. Änderungen der Rechte oder der Besitzer. Unter Windows steht das C für Creation und zeigt den Zeitpunkt der Erstellung einer Datei an [vgl. Farmer/Venema 2004, S. 18]. Wird eine Datei kopiert, ändert sich die Creation-Time ebenfalls, nicht aber beim Verschieben. Aus Performancegründen wird die Access-Time bei NTFS Systemen nur aktualisiert, wenn sie sich um mehr als eine Stunde von der vorherigen unterscheidet. Bei FAT Systemen hingegen wird nur das Datum, nicht aber die Uhrzeit des letzten Zugangs gespeichert. Bei Windows Vista ist das Speichern der Access-Time standardmäßig deaktiviert [vgl. Geschonneck 2008a, S. 107ff; Geschonneck 2008b, S. 11ff]. Abb. 9 zeigt die MAC-Time einer Datei auf einem Windows XP System.

Mittels verschiedener Tools lassen sich diese Informationen zu Analysezwecken auslesen. Diese Daten geben Aufschluss darüber, welche Dateien im Zeitraum des Angriffs verwendet, also gelesen, geschrieben, verändert oder ausgeführt, wurden. Es lässt sich so auch erkennen, ob System- und/oder Konfigurationsdateien manipuliert wurden, um beispielsweise Hintertüren zu schaffen. Sind die Informationen der Daten ausgewertet, so lassen sich häufig Rückschlüsse auf die verwendete Angriffsmethode und die Schwachstellen im System ziehen. Ein Ermittler sollte jedoch nicht außer Acht lassen, dass sich MAC-Times vom Täter verändern lassen, oder dass Anti-Forensik Techniken zum Einsatz gekommen sind [vgl. Geschonneck 2008a, S. 107f].

In NTFS Dateisystemen befindet sich noch ein weiterer Zeitstempel, der MFT-Zeitstempel. Dieser wird aktualisiert, wenn Attribute in den Records der einzelnen Dateien verändert werden (siehe Abschnitt 5.1). Diese Zeitstempel sind für Systemanwender nicht ohne weiteres einsehbar und daher in der Regel nicht manipuliert. Werden Dateien gelöscht oder erstellt, so verändert sich die MAC-Time des jeweiligen Verzeichnisses. Das Auflisten der Inhalte eines Verzeichnisses ändert dessen Access-Time genau wie das Verschieben einer Datei innerhalb des NTFS-Datenträgers. Beim Verschieben wird auch der MFT-Zeitstempel verändert. Wird ein Verzeichnis auf einen anderen Datenträger verschoben, so ändern sich sämtliche Zeitstempel [vgl. Geschonneck 2008a, S. 110; Geschonneck 2008b, S. 11].

Tabelle 1 fasst die Zeitpunkte/Aktionen, welche zu einer Änderung der Zeitstempel führen, noch einmal zusammen. Des Weiteren stellt sie die Abweichungen zwischen den verschiedenen Dateisystemen bzw. zwischen Linux und Windows gegenüber.

Zeitstempel	Aktualisierung bei NTFS	Aktualisierung bei FAT
M*odify*	Letzter Schreibzugriff (sofern sich dieser um mehr als eine Stunde vom vorherigen unterscheidet)	Letzter Schreibzugriff (nur Datum, keine Uhrzeit)
A*ccess*	Letzter Lesezugriff / letztes Ausführen	Letzter Lesezugriff / letztes Ausführen
C*hange (Linux)*	Letzte Änderung der Dateieigenschaften	Letzte Änderung der Dateieigenschaften
C*reation (Windows)*	Zeitpunkt der Erstellung	Zeitpunkt der Erstellung
MFT	Änderung der Attribute in den Records der Datei / beim Verschieben der der Datei	———

Tabelle 1: Änderungen der Zeitstempel

5.3 Alternate Data Stream

Eine Besonderheit von Windows NTFS-Dateisystemen sind Alternate Data Streams, kurz ADS genannt. Sie wurden entwickelt, um Zusatzinformationen an eine Datei oder Verzeichnisse anzuhängen. Dort werden beispielsweise Zugriffsrechte oder Vorschaubilder abgelegt. Auf neueren Systemen wird dort zusätzliche eine ZoneID hinterlegt, welche aus dem Internet stammende Dateien kennzeichnet.

Die Anzahl der Streams, welche einer Datei angehängt werden können, ist nicht begrenzt [vgl. Pollino et al 2006, S. 148]. Sie werden nirgendwo aufgelistet und auch die Größe der eigentlichen Datei verändert sich in ihren Eigenschaften nicht. Ohne Zusatztools lassen sich auf diese Weise versteckte Dateien nur anzeigen, wenn man ihren Namen kennt und gezielt danach sucht.

Diese Streams bilden somit einen idealen Ort für Angreifer um Informationen oder Rootkits zu verstecken, denn es lassen sich dort auch ausführbare Dateien verstecken. Aufrufen lassen sich diese über Programme oder Skripte und sogar durch Autorun-Einträge in der Registry, was dazu führt, dass sie bei einem Neustart mit ausgeführt werden können. Von Antiviren Software werden schädliche Dateien in ADS nur selten erkannt, obwohl das Problem seit langem bekannt ist [vgl. Bachfeld 2004, S. 1]. Es gibt allerdings verschiedene Tools, welche auch bei forensischen Untersuchungen zum Einsatz kommen, die eben diese nicht sichtbaren Streams anzeigen und öffnen können. Zu einer vollständigen Ermittlung gehört die Analyse der ADS unbedingt dazu.

5.4 Auslagerungsdateien

Die Größe des Hauptspeichers eines Computers, die für das Ausführen von Programmen eine wichtige Rolle spielt, ist auf die Größe der verbauten RAM-Bausteine begrenzt. Das jeweilige Betriebsystem legt daher auf der Festplatte eine Auslagerungs- bzw. Swap- oder Paging-Datei an [vgl. Caloyannides 2004, S. 36], welche den vorhandenen Hauptspeicher virtuell vergrößert. In dieser Datei werden alle Daten zwischengespeichert, die aus dem Hauptspeichers ausgelagert werden, da sie kurzzeitig nicht benötigt werden und geben somit Platz für die Programme frei, die aktuell auf den reellen Hauptspeicher zugreifen müssen [vgl. Geschonneck 2008a, S. 113]. Je größer der eingebaute Hauptspeicher, desto kleiner kann der Speicherplatz für die Auslagerungsdatei gewählt werden. In Windows Systemen wird der Platz für die Auslagerungsdatei standardmäßig nicht fest zugewiesen, sondern variiert je nach vorhandenem Speicherplatz auf der Festplatte und wird dynamisch angepasst. Paradoxerweise legt Windows bei großem Hauptspeicher allerdings eine größere Auslagerungsdatei als bei kleinerem an, dies kann aber von Hand geändert werden, indem man eine feste Größe vorgibt. Bei Linux Systemen wird in der Regel bei der Installation eine so genannte Swap-Partition angelegt, deren Größe vom Benutzer festgelegt werden kann [vgl. Caloyannides 2004, S. 34].

Aus forensischer Sicht sind diese Auslagerungsdateien von Interesse, weil sie, wie auch der Hauptspeicher selbst, Benutzernamen, Passwörter, Fragmente von E-Mails und bearbeiteten Dateien so wie Daten der aktuelle laufenden Anwendungen. Es befinden sich dort möglicherweise ebenfalls Informationen von bereits beendeten Programmen, wenn der virtuelle Speicher an entsprechender Stelle noch nicht wieder überschrieben wurde [vgl. Caloyannides 2004, S. 34]. Es sollte unbedingt darauf geachtet werden, dass diese Daten beim Herunterfahren des Systems verloren gehen [vgl. Geschonneck 2008s, S. 113].

Oft bieten Notebooks eine weitere Option der Analyse, da diese häufig nur in den Ruhezustand versetzt werde, anstatt sie herunterzufahren. Dieser wird bei Windows standardmäßig ausgelöst, wenn das Notebook einfach zugeklappt wird. Damit beim Aufklappen alle zuvor laufenden Prozesse wieder zur Verfügung stehen, speichert das System fast den gesamten Inhalt des Hauptspeichers vor dem Eintritt des Ruhezustands in die Datei hiberfil.sys. Diese Datei bleibt bis zum nächsten Ausführen des Ruhezustands erhalten und kann Informationen über länger zurückliegende Vorgänge enthalten [vgl. Geschonneck 2008a, S. 114].

5.5 Versteckte Dateien

Es ist möglich, Ordner und Dateien zu verstecken, indem man diese unsichtbar macht. [vgl. Cole et al 2007, S. 450f]. Abb. 12 zeigt die Ordneroptionen eines Windows Systems in denen sich einstellen lässt, ob versteckte Dateien und Ordner angezeigt werden sollen.

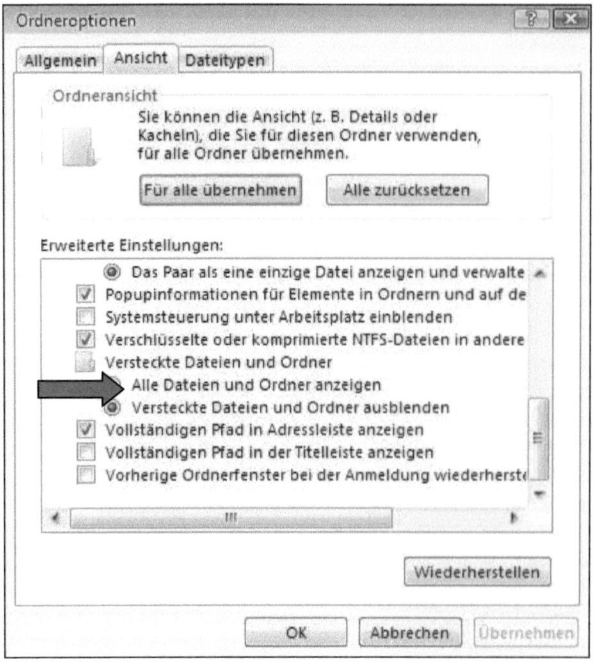

Abbildung 12: Ordneroptionen eines Windows System

Auf einem Linux oder Unix System werden Dateien versteckt, deren Dateiname mit einem Punkt beginnt. Durch Eingabe des Befehls „ls –a“ in die Shell lassen sich diese allerdings anzeigen [vgl. Cole et al 2007, S. 452]. Diese sehr einfache Art Daten vor dem Entdeckwerden zu schützen ist sicherlich nicht die zuverlässigste, da die Daten ohne große Mühe wieder sichtbar gemacht werden können. Ein Täter mit guten Kenntnissen wird sich also vermutlich eher anderen Techniken bedienen, um seine Daten effektiv zu verbergen.

Neben der Möglichkeit Informationen in Alternate Data Streams zu verstecken (siehe Abschnitt 5.3) oder diese als unsichtbar zu markieren, gibt es aber noch weitere Wege um Daten zumindest auf den ersten Blick zu verbergen.

Da eine Festplatte aus physikalischer Sicht eine runde Scheibe ist, die Größe der Sektoren welche zu einem Cluster zusammengefasst werden jedoch festgelegt ist (vgl. Abschnitt 5.1), ergibt sich somit das Problem, dass im inneren Bereich der Festplatte weniger Platz zu Verfügung steht, als im äußeren. Da die Anzahl der Sektoren in einem Cluster konstant ist, entstehen somit in den weiter außen liegenden Bereichen der Festplatte ungenutzte, unpartitionierte Speicherplätze. Diese werden Sector Gaps genannt und eignen sich, um Dateien dort zu verstecken. Sie sollten daher analysiert werde. In aktuellen Festplatten werden diese Gaps mittels spezieller Techniken gegenüber älteren Platten minimiert [vgl. Geschonneck 2008a, S. 115].

Bei der Installation eines Betriebssystems lassen sich physische Laufwerke in mehrere logische aufteilen. Diese Einteilung kann auch im Nachhinein mittels spezieller Software vorgenommen werden. Sie werden meist mit den Buchstaben C:; D: usw. versehen und als Partitionen bezeichnet. Auf jeder Partition, vorausgesetzt sie ist entsprechend groß genug, lässt sich jeweils ein eigenständiges Betriebsystem installieren. Es ist hierbei möglich, dass zwischen den einzelnen logischen Laufwerken Lücken entstehen, da auch hier die Einteilung in feste Sektorgrößen vorgegeben ist. Diese Lücken werden als Partition Gaps bezeichnet. Wurde mit der neuen Einteilung der physikalischen Festplatte eine schon bestehende logische Einteilung überschrieben, so finden sich in diesen Gaps mitunter Informationen über die alten Partitionen. Genau wie bei den Sector Gaps bilden diese Bereiche einen idealen Ort um Dateien zu verstecken. Des Weiteren erstellen Angreifer oftmals eine eigene Partition und verstecken diese komplett, sie wird dann im Explorer nicht mehr angezeigt. Die angegebene Größe des Datenträgers sollte also mit der tatsächlichen Größe abgeglichen werden um solche Taten aufdecken zu können [vgl. Geschonneck 2008a, S. 115].

Auf Festplatten entstehen auf Grund von Abnutzung oder schon während der Produktion gelegentlich defekte Datenblöcke. Diese Bereiche sind für Schreib- und/oder Leseoperationen nicht mehr verwendbar und werden als so genannte Bad Blocks markiert und vom Betriebssystem nicht mehr benutzt. Gelingt es einem Angreifer einen Block als defekt zu markieren und somit dem System einen Bad Block vorzutäuschen, so kann er dort sensitive Daten ablegen. Sie können dann nur noch mit spezieller Software sichtbar gemacht werden [vgl. Geschonneck 2008a, S. 115].

Sollte bei einem Systemangriff der Verdacht bestehen, dass die schadhaften Dateien per Mail in das System gekommen sind (siehe Abschnitt. 2.1) so können im E-Mail Header Informationen über die Wege, die eine verdächtige Mail genommen hat, abgerufen werden [vgl. Cole et al 2007, S. 455]. Bei diesen Informationen handelt es sich zwar nicht um explizit versteckte Dateien, doch oftmals lässt sich dort feststellen, ob der Angreifer versucht hat, mittels der in Abschnitt 2.1.2 erwähnten Methode, die Herkunft seiner E-Mails zu verstecken [vgl. BSIc o. D.].. Deshalb seien sie an dieser Stelle dennoch erwähnt. Abb. 13 zeigt ausschnittweise den Aufbau eines E-Mail Headers (hier dargestellt mit Outlook Express).

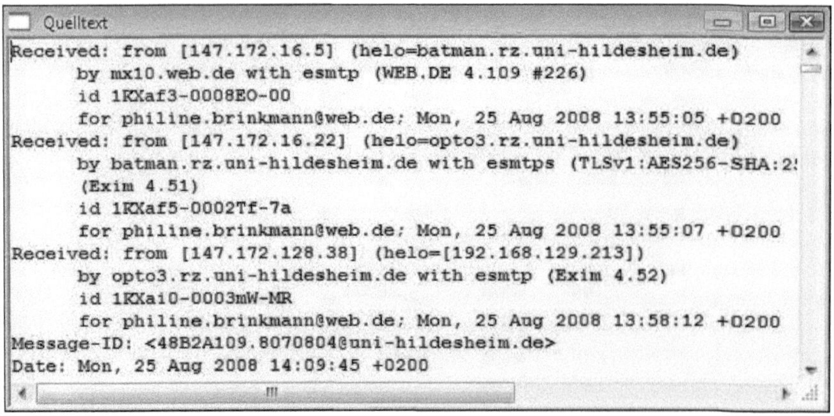

```
Received: from [147.172.16.5] (helo=batman.rz.uni-hildesheim.de)
        by mx10.web.de with esmtp (WEB.DE 4.109 #226)
        id 1KXaf3-0008EO-00
        for philine.brinkmann@web.de; Mon, 25 Aug 2008 13:55:05 +0200
Received: from [147.172.16.22] (helo=opto3.rz.uni-hildesheim.de)
        by batman.rz.uni-hildesheim.de with esmtps (TLSv1:AES256-SHA:2!
        (Exim 4.51)
        id 1KXaf5-0002Tf-7a
        for philine.brinkmann@web.de; Mon, 25 Aug 2008 13:55:07 +0200
Received: from [147.172.128.38] (helo=[192.168.129.213])
        by opto3.rz.uni-hildesheim.de with esmtp (Exim 4.52)
        id 1KXai0-0003mW-MR
        for philine.brinkmann@web.de; Mon, 25 Aug 2008 13:58:12 +0200
Message-ID: <48B2A109.8070804@uni-hildesheim.de>
Date: Mon, 25 Aug 2008 14:09:45 +0200
```

Abbildung 13: E-Mail Header Outlook Express

5.6 Systemprotokolle

Ist auf dem betroffenen System die Systemprotokollierung aktiviert, so können auch hier Hinweise auf Unregelmäßigkeiten gefunden werden. Diese Analyse muss nicht zwangsweise in die Post-Mortem-Analyse mit einbezogen werden, da sie bereits am laufenden System durchgeführt werden kann. Die aufgelaufenen Meldungen, können dabei wie folgt kategorisiert werden: Normale Logdatei-Einträge, also Meldungen, die sich aus der täglichen Nutzung ergeben. Für gewöhnlich sind dies autorisierte Aktivitäten auf dem System und bekannte Fehlermeldungen. Des Weiteren finden sich auch Einträge über Anzeichen von Angriffen oder aber kritische Systemmeldungen. Hierzu gehören vor allem fehlgeschlagenen Angriffsversuche, Port-Scans, Bannergrabbing und Schwachstellenproben. Aber auch fehlgeschlagenen Anmeldeversuche besonders von Benutzern mit erweiterten Rechten, unbekannte und neue Dienste, unerwartete Installation von Software, das unvorgesehene Herunterfahren des Systems und ähnliche Aktivitäten. In eine dritte Kategorie fallen alle Meldungen, die sich nicht oder noch nicht eindeutig in eine der ersten beiden einteilen lassen [vgl. Geschonneck 2008a, S. 131].

Die Log Files eines Windows Systems lassen sich mit dem Event Viewer aufrufen. Abb. 14 zeigt den Ausschnitt der Security Logs welche aufgezeichnet werden, wenn das System entsprechend konfiguriert ist.

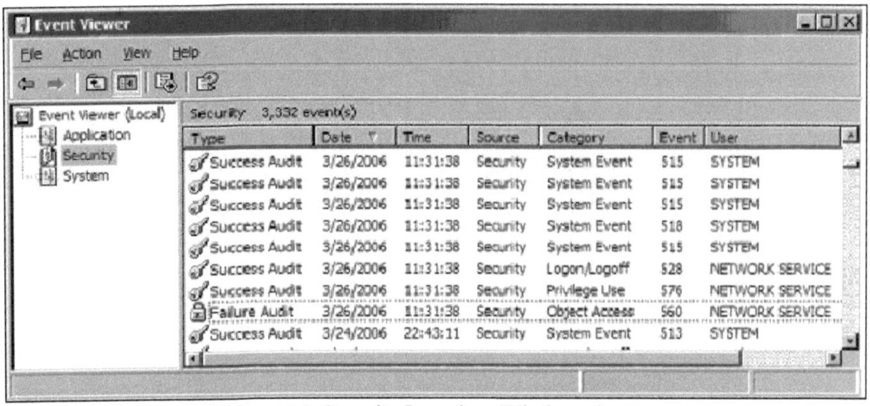

Abbildung 14: Security Log eines Windows Systems
[Microsoft o. D.]

Mit dem Event Viewer lassen sich ebenfalls die Log Files einiger Anwendungen aufrufen. Einige Anwendungen schreiben ihre jeweiligen Anwendungsdaten in andere Verzeichnisse (meist in ihr jeweiliges Stammverzeichnis) und werden hier nicht aufgelistet [vgl. Cole et al 2007, S. 451]. Diese müssen denn gesondert erfasst werden.

Die temporären Daten der verwendeten Internet Browser können Informationen über kürzlich heruntergeladene Dateien und besuchte Webseiten enthalten. Diese sind browserabhängig an bestimmten Orten im System hinterlegt. Des Weiteren erstellen auch die benutzten Anwendungen temporäre Dateien die nicht immer alle nach Beenden des Programms automatisch gelöscht werden [vgl. Cole et al 2007, S. 453]. Unter Windows werden diese Dateien typischerweise unter:

C:\Dokumente und Einstellungen\Benutzername\Lokale Einstellungen\Temp

abgelegt.

Geht es darum Logdateien mehrerer Rechner, IDS oder Firewalls eines Netzwerkes zu analysieren, sollten diese Systeme möglichst zeitsynchron laufen. Es ist ansonsten schwierig, diese Einträge den verschiedenen Ereignissen auf dem entsprechenden Host eindeutig zuzuordnen [vgl. Geschonneck 2008s, S. 133].

5.7 Netzwerkanalyse

Eine weitere Analyse, die ebenfalls schon im laufenden Betrieb vorgenommen werden kann, ist die Netzwerkanalyse. Der Netzwerkverkehr kann mittels verschiedener Programme, wie z. B. Tcpdump für Unix-Systeme oder Windump für Windows-Systeme, überwacht und ausgewertet werden. Ein IDS/IPS kann diese Aufgabe ebenfalls übernehmen, wenn es über entsprechende Funktionen verfügt. Es können so die offenen Ports des kompromittierten Systems ausgegeben werden und es lässt sich nachvollziehen, welcher Verkehr zu diesen Ports geht und welcher von ihnen abgeht. Es ist auch möglich, die Kommunikation zwischen den einzelnen Netzwerkkomponenten mitzuschneiden. Es lässt sich anhand dieser Informationen feststellen, ob der Datenverkehr in letzter Zeit oder eben während des vermuteten Angriffs außergewöhnlich hoch war oder ob sonstige Anomalien aufgetreten sind. Dies bezieht sich sowohl auf einzelne Rechner, als auch auf das gesamte Netzwerk. Es kann sowohl der E-Mail Verkehr, das Surfen im Internet (besuchte Webseiten etc.) oder ein Einbruchsversuch von Innen oder von Außen aufgezeichnet werden. Voraussetzung hierfür ist, dass das verwendete Tool diese Eigenschaften unterstützt [vgl. Geschonneck 2008a, S. 133].

6 Gelöschte Daten

Ein wesentlicher Teil von forensischen Analysen eines IT-Systems befasst sich mit dem Aufspüren gelöschter Daten und dem Wiederherstellen dieser. Ein Angreifer wird in den meisten Fällen versuchen, seine Spuren möglichst gründlich zu verwischen. Indem er seine Daten löscht, versucht er seine Angriffsmethode und/oder -tools zu verschleiern und seine Identität zu verbergen [vgl. Geschonneck 2008a, S. 119]. Es gibt jedoch zahlreiche weitere Szenarien, in denen der Täter versucht, bestimmte Daten effektiv zu löschen. So kann das Löschen sensibler Informationen oder beispielsweise Kundendatenbanken Ziel eines Angriffs sein. Verfügt das entsprechende Unternehmen über keine oder nur unzureichende Backup-Lösungen, kann eine solche Tat hochgradig schädigend sein. Des Weiteren hängen viele Ermittlungen mit dem Aufspüren von Daten wie beispielsweise Bilder und Filme mit Pornographischen Inhalten, illegal heruntergeladener Musik oder Filme sowie das Kopieren von vertraulichem Material und das Preisgeben von sensiblen Informationen an unbefugte Dritte per Mail oder Instant Messageing zusammen. Hat die betroffene Person diese Daten vorsorglich gelöscht, um eine Straftat zu vertuschen, so können Forensiker hinzugezogen werden, um eben diese wieder sichtbar zu machen und Beweise zu sammeln.

Der folgende Abschnitt zeigt auf, wie Daten grundsätzlich gespeichert werden. Dies ist hilfreich um zu verstehen, was bei einem einfachen Löschvorgang geschieht und warum gelöschte Daten meist noch immer ganz oder teilweise auf dem System vorhanden sind. Anschließend wird ein Überblick gegeben, mit welchen Methoden sich diese Daten wiederherstellen lassen und wie mit ihnen zu verfahren ist. Auch wird erläutert, wie Dateien wirklich gründlich gelöscht werden können und welche Schritte hierzu notwendig sind.

6.1 Speichern von Daten

Wird eine Datei auf einer Festplatte gespeichert, so müssen verschiedenen Informationen zu dieser abgelegt werden, vor allem, damit sie später wieder aufgefunden werden kann. Dazu gehören unter anderem der Name der Datei, das Erstellungsdatum, das Datum des letzten Zugriffs, das Datum der letzten Änderung der Datei und des Dateinamens, die Benutzerrechte sowie Angaben darüber, ob und wohin die Datei abgelegt bzw. verschoben wurde. All diese Informationen werden auf der jeweiligen Festplatte abgelegt. Der Name und die MAC-Time einer Datei auf einem Windows System werden hierbei an einem anderen Ort abgelegt, als die Datei selbst. Abschnitt 6.2 zeigt auf, warum dieses

Wissen beim Löschen von Daten wichtig ist. Damit die abgelegten Daten bei einem erneuten Zugriff wieder aufgefunden werden können, werden sie mit Adressen versehen. Diese werden im Directory-Eintrag vermerkt und verweisen auf den Speicherort der jeweiligen Datei [vgl. Grunwald 2003].

Wird eine Datei so verändert, dass sich ihre Größe verkleinert, oder wird der Name der Datei so umbenannt, dass er kürzer wird, so bleibt der Überhang zur vorherigen Version als Drive Slack auf der Festplatte erhalten (siehe Abschnitt 5.1) [vgl. Caloyannides 2004, S. 24ff].

Heutige Festplatten sind mit einer eigenen Firmware ausgestattet, welche die Sektoren der Festplatte verwaltet. Dies ist nützlich, wenn beispielsweise ein Sektor häufig Errors bei Lesezugriffen ausgibt und somit als defekt angesehen werden kann. Die Firmware hält für diese Fälle Reservesektoren bereit, in die die betroffenen Daten des defekten Sektors dann umgelagert werden. Der als defekt markierte Sektor wird nicht gelöscht oder überschrieben, er erhält allerdings keine Adresse mehr und taucht daher nicht mehr in den Verzeichnissen auf. Die verschobenen Daten erhalten eine neue logische Adresse und der entsprechende Directory-Eintrag wird angepasst. Dieser gesamte Prozess läuft im Hintergrund ab und der Benutzer wird hierüber nicht informiert [vgl. Caloyannides 2004, S. 27].

Des Weiteren werden viele Daten im Hintergrund gespeichert, ohne, dass diese Vorgänge dem Anwender explizit angezeigt werden. Windows legt für viele Dateien, die gerade in Bearbeitung sind, temporäre Dateien in bestimmten Verzeichnissen ab. Nicht für alle Anwendungen ist dies der in Abschnitt 5.6 angegebene Standardpfad. Einige Programme legen eigene Ordner für diesen Zweck in ihrem jeweiligen Stammverzeichnis an. Sinn und Zweck dieser temporären Dateien ist in diesem Fall ein Schutz vor Datenverlust bei einem Systemabsturz. Beim Bearbeiten eines Word Dokuments wird z. B. in bestimmten Intervallen der aktuelle Stand der Datei automatisch zwischengespeichert und temporär abgelegt. Doch die Bezeichnung temporär ist hier eher irreführend, denn nicht alle Anwendungen löschen diese Dateien automatisch wieder und somit befinden sich wiederum viele Informationen über Daten auf der Festplatte. Linux unterteilt temporäre Dateien in zwei Kategorien. Dies sind zum einen Daten, die bei einem Neustart gelöscht werden können, da sie nicht mehr gebraucht werden und zum anderen Daten, die weiterhin benötigt werden. Es werden also auch hier nicht alle Daten selbstständig gelöscht [vgl. Caloyannides 2004, S. 25f].

Es befinden sich auf IT-Systemen folglich weit mehr Daten und Informationen als allgemein bekannt. Will ein Angreifer seine Spuren wirklich gründlich bereinigen, oder will ein Anwender sensible Daten wirklich effektiv entfernen, so sollte er beachten, dass der einfache Löschbefehl nicht ausreicht, um dies zu erreichen. Der folgende Abschnitt erläutert, wie Daten sicher gelöscht werden können.

6.2 Daten löschen

Zum Löschen einer Datei wird typischerweise die Delete- oder Entfernen-Funktion benutzt. Dies hat bei Windows Systemen zur Auswirkung, dass die Datei standardmäßig in den Papierkorb wandert, sofern dieser aktiviert ist. Einige Linux Desktop Environments wie z. B. Gnome, kde und Suse arbeiten ebenfalls mit diesem Verfahren. Da der Papierkorb jedoch eine Option zum Wiederherstellen der dort abgelegten Dateien besitzt, wird schnell klar, dass die Daten also nicht wirklich gelöscht wurden. Doch selbst wenn der Papierkorb deaktiviert oder geleert wurde, befinden sich die Dateien noch immer auf dem System. Der einfache Löschbefehl gibt lediglich dem Betriebssystem die Erlaubnis, den von der jeweiligen Datei belegten Platz auf der Festplatte wieder zu überschreiben, falls neuer Speicherplatz benötigt wird [vgl. Caloyannides 2004, S. 26]. Hierzu wird einfach der Directory-Eintrag der entsprechenden Datei gelöscht [vgl. Grunwald 2003]. Diese nicht mehr benötigten Dateien können dann vom System als Drive Slack verwendet werden (vgl. Abschnitt 5.1) und bleiben so für lange Zeit erhalten.

Wie bereits im vorangegangen Abschnitt erwähnt, liegen der Name der gelöschten Datei und die dazugehörigen Informationen wie die MAC-Time allerdings nicht am selben Ort auf der Festplatte, wie der eigentliche Inhalt der Datei. Da der Directory-Eintrag jedoch nur auf den Inhalt verweist, bleiben alle restlichen Informationen auf dem System erhalten [vgl. Caloyannides 2004, S. 26]. Auch die dazugehörigen temporären Dateien sind vom Löschen der eigentlichen Datei nicht betroffen und können somit von Interesse sein [vgl. Geschonneck 2008a, S. 119].

Farmer und Wietse [2004, S. 147f] haben zu dieser Problemstellung ein Experiment mit verschiedenen kleineren Servern in einem Netzwerk durchgeführt. Sie wollten herauszufinden, wie lange der Inhalt von einfach gelöschten Dateien auf dem System erhalten bleibt, bevor er wieder überschrieben wird. Der Testlauf wurde über 20 Wochen ab dem Zeitpunkt des Löschens durchgeführt. Während der Messung verarbeitete der Server ca. 1500 E-Mails mit einer durchschnittlichen Größe von 10 MB täglich und zusätzlich einige Webbrowser, FTP und DNS Services. Die Kapazität der Festplatte betrug 8 GB und war zu Beginn zur Hälfte mit Daten gefüllt. Die E-Mails und die Logdateien wurden in bestimmten Abständen automatisch gelöscht.

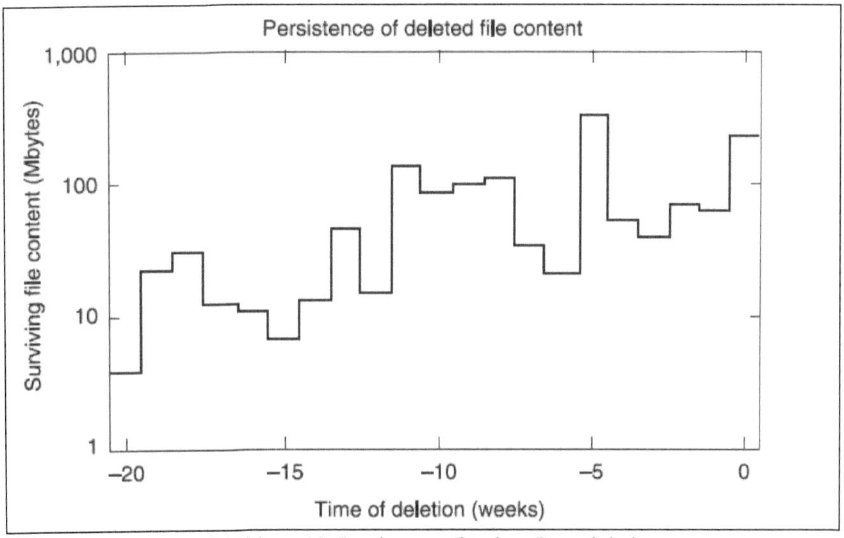

Abbildung 15: Persistenz gelöschter Dateninhalte
[Farmer/Venema 2004, S. 148]

Abb. 15 zeigt die Persistenz der gelöschten Daten in Abhängigkeit zu den verstrichenen Wochen, also Die Zeitspanne zwischen dem Löschen und dem Überschreiben. Dazu wurden die gelöschten Dateiinhalte automatisiert mit Hashwerten versehen, damit im Anschluss an den Versuch ausgewertet werden konnte, welche dieser Daten noch vorhanden sind. Da in regelmäßigen Abständen weitere gelöschte Daten hinzugekommen sind, stieg der Umfang der Dateieininhalte über den Verlauf des Experiments nach und nach an. Er fiel immer dann ab, wenn diese vom System wieder überschrieben wurden. Auch nach 20 Wochen waren noch immer nicht alle Dateien vollständig vom System entfernt. Bei der abschießenden Analyse fanden sich zu diesem Zeitpunkt (Zeitpunkt 0 Abb. 14) etwa 100 MB, die vor weniger als einer Woche gelöscht wurden und noch immer ca. 10 MB der Daten, die 20 Wochen zuvor gelöscht wurden. Der Versuch zeigt allerdings nicht auf, nach welchem Schema die Daten überschrieben wurden. Ob z. B. nur Teile oder aber ganze Dateien überschrieben wurden. Dies ist laut Farmer und Wietse [2004, S. 148] abhängig vom jeweils verwendeten File System.

Das Formatieren der Festplatte ist ebenfalls keine sichere Lösung zum Löschen von Daten. Denn auch hier werden lediglich die Zuordnungen zu den Dateien mit Nullen überschrieben, nicht aber die Daten an sich. Gründlicher ist eine Low-Level-Formatierung, da hierbei alle Bereiche der Festplatte mit Nullen überschrieben werden [vgl. Caloyannides 2004, S. 26].

Die einzig effektive Lösung zum Löschen von Daten ist daher das Überschreiben dieser. Farmer und Wietse schreiben diesbezüglich sehr passend: *„Deleted file information is like a fossil its skeleton may be missing a bone here or there, but the fossil remains, unchanged, until it is completely overwritten" [2004, S. 12]*. Es gibt hierzu zwei verschiedene Arten von Tools, so genannte disk-wiping Software, welche den physikalischen Sektor der Daten mit speziellen Bitmustern oder auch Nullen mehrmals überschreiben. Zum einen sind dies Tools zum Entfernen einzelner Dateien im File System und zum anderen Tools zum Löschen kompletter Festplatten oder Partitionen. Bei der ersten Kategorie von Tools wird die Datei vor dem Löschen, also dem Entfernen des Directory-Eintrages, mehrfach mit Nullen überschrieben. Erst dann wird der Speicherplatz wieder freigegeben. Die oben genannten Zusatzinformationen zu den einzelnen Dateien bleiben jedoch erhalten, da ihr Speicherort der Software nicht bekannt ist [vgl. Caloyannides 2004, S. 26]. Beim Einsatz eines solchen Tools sollten außerdem auch alle freien Bereiche des Speichers überschrieben werden, da dort noch alte Daten vorhanden sein können. Die zweite Kategorie von Tools überschreibt den Speicher mehrmals mit Nullen und somit alle darauf befindlichen Daten [vgl. Grunwald 2003]. Solche disk-wiping Programme sind für Windows Systeme ineffektiv, wenn sie aus dem laufenden System heraus ausgeführt werden. Da Windows dem Tool den Zugriff auf verschiedene Systembereiche wie etwa der Auslagerungsdatei nicht zulässt, ist ein zuverlässiges Arbeiten nur aus einem anderen System (z. B. DOS) heraus möglich. Die in Abschnitt 6.1 erwähnten defekten Sektoren können ebenfalls nicht von einer disk-wiping Software bereinigt werden, da sie keine logische Adresse mehr besitzen. Um diese einsehen und überschreiben zu können sind spezielle Forensiktools notwendig [vgl. Caloyannides 2004, S. 26f].

6.3 Daten wiederherstellen

Die bei computerforensischen Ermittlungen eingesetzten Softwarepakete verfügen zumeist auch über Datenwiederherstellungstools. Diese auch File Carver genannten Tools durchsuchen zunächst einmal die vom System als frei markierten Bereiche der Festplatte. Die dort gefundenen Daten können, sofern sie noch mehr oder weniger vollständig vorhanden sind (also noch nicht wieder überschrieben wurden), automatisiert wieder zur ursprünglichen Datei zusammengesetzt werden. Befinden sich nur noch einzelne Fragmente einer Datei auf dem System, so können häufig mit Hilfe der Tools zumindest noch vereinzelt Informationen zum Inhalt dieser extrahiert werden. Der gesamte Vorgang sollte am Duplikat der betroffenen Festplatte vorgenommen werden.

Wie im vorangegangen Abschnitt erläutert, werden Dateien und die dazugehörigen Informationen sehr verteilt auf der Festplatte abgelegt, dass Wiederherstellen ist somit vergleichbar mit einem Puzzlespiel. Des Weiteren lassen sich mit Hilfe der Tools Daten aus Alternate Data Streams und File Slacks wiederherstellen [vgl. Geschonneck 2008a, S. 119; Farmer/Venema 2004, S. 12]. Ist es dem Angreifer allerdings gelungen, seine eigenen oder aber sensible, für die Firma essentielle Daten mehrfach zu überschreiben, so wird es schwer oder gar unmöglich diese im Zuge einer Ermittlung wiederherzustellen. Im Umkehrschluss daraus sollten sich besonders Unternehmen darüber bewusst sein, dass sich Daten, die unwiderruflich gelöscht werden sollen, ohne entsprechende Maßnahmen eben auch von einem Angreifer wiederhergestellt werden können. Speziell bei ausrangierten Festplatten, die bei der Entsorgung in falsche Hände geraten, besteht die Gefahr des Missbrauchs. Eine sinnvolle Maßnahme ist in diesem Fall zusätzlich das physikalische Zerstören der Platte vor dem Ausrangieren.

7 Fazit und Ausblick

Als wesentliche Aspekte, die zum Anstieg der Computerkriminalität führen, sind sicherlich die zunehmende Vernetzung der PCs über das Internet, sowie die sinkenden Preise für die benötigte Hard- und Software zu nennen. Einem Angreifer sind keine räumlichen Grenzen gesetzt, er benötigt lediglich einen Internetzugang, um sich mit anderen Rechnern zu vernetzen. Die schädliche Software, zum Verschleiern der eigenen Identität, ist leicht zugänglich und erfordert kein spezifisches Fachwissen. Im Zuge dessen ist das Thema IT-Sicherheit heutzutage wichtiger denn je. Doch noch immer ist vielen nicht bewusst, welches Ausmaß ein Systemeinbruch annehmen kann. Das Vertrauen der Anwender in die Technik ist relativ hoch, im Gegensatz zum Wissen um die Schwachstellen.

Computer-Forensik ist eine verhältnismäßig junge Entwicklung in der IT-Sicherheit. Dies hat zur Folge, dass entsprechende Gesetzesentwürfe noch nicht vollständig ausgereift sind. Es sei an dieser Stelle das umgangssprachlich Hackerparagraph genannte 41. Strafrechtsänderungsgesetz zur Bekämpfung von Computerkriminalität erwähnt, welches die Herstellung und Verbreitung von schädlicher Software für Systemeinbrüche unter Strafe stellt. Die Ausarbeitung dieses Gesetzes ist jedoch sehr offen formuliert, so dass der Einsatz solcher Tools auch für legale Zwecke erst einmal verboten ist. Es besteht hier also noch Verbesserungsbedarf. Die Arbeit eines forensischen Ermittlers wird in zunehmendem Maße anspruchsvoller, wenn die Analyse des betroffenen Systems auch für juristische Verfahren verwendbar sein soll. Eine lückenlose Dokumentation der Vorgehensweise ist in vielerlei Hinsicht unumgänglich. Sie beweist im Zweifel nicht nur den korrekten Umgang mit Beweismaterialien, sondern auch den Einsatz legaler Ermittlungstools.

Auf Grund der rasanten Entwicklung von neuen Technologien im IT-Bereich und der Entwicklung neuer Tools, muss ein Forensiker über großes Know-how verfügen und sich neuen Situationen und Umgebungen anpassen können. Dazu gehört auch, dass er sich nicht uneingeschränkt auf die Ergebnisse der eingesetzten Tools verlassen sollte, auch diese sind im Zweifel kompromittiert worden. Das Schaffen eines gesicherten Arbeitsbereiches und das Arbeiten mit sterilem Material hat daher eine enorm hohe Priorität. Die Entwicklung der Anti-Forensikmaßnahmen zeigt, dass sich die Angreifer ebenfalls nicht zurücklehnen, sondern ständig darum bemüht sind, ihre Techniken zu verbessern und dadurch unbemerkt und unbekannt agieren können. Ein Ermittler muss seine Analysen dementsprechend anpassen und optimieren.

Vielen Firmen ist in der Vergangenheit das eigene Sicherheitsbewusstsein zum Verhängnis geworden. Die Möglichkeiten der Angreifer und deren Interessen am eigenen Unternehmen bzw. der IT-Systeme wurden häufig schlichtweg unterschätzt. Vielerorts sind es vor allem die eigenen Mitarbeiter, denen kein richtiges Bewusstsein für die Firmensicherheit vermittelt wird und die durch fahrlässigen Umgang mit sensiblen Daten Schaden anrichten. Dazu finden sich zahlreiche Berichte in den jüngsten Zeitungen bezüglich Datenverlusten bzw. Datendiebstahl. Vor allem in Großbritannien häufen sich in letzter Zeit die Pannen. So wurde beispielsweise eine mobile Festplatte mit personenbezogenen Informationen über zahlreiche Armeeangehörige aus dem Büro eines externen IT-Dienstleisters gestohlen [vgl. Tagesschau 2008a]. Doch auch hierzulande, wie kürzlich bei der deutschen Telekom, kommen solche Datenpannen immer wieder vor. So konnten nach Angaben der Spiegels [2008] über einen längeren Zeitraum hinweg die Daten hunderttausender Kunden von den Telekom Mitarbeitern an jedem beliebigen Computer über das Internet abgerufen und verändert werden [vgl. auch Tagesschau 2008b]. Diese Vorfälle zeigen einmal mehr, wie sehr das Interesse in Bezug auf Datendiebstahl und/oder –manipulation in den letzten Jahren gestiegen ist. Informationen in Papierform werden heutzutage fast ausschließlich durch den Computer ersetzt. Es befinden sich somit immer mehr Daten auf immer kleinerem Raum und können somit viel kompakter und in viel größerem Ausmaß entwendet oder kopiert werden. Gerade die Mitarbeiter, die mit der Verarbeitung solcher sensiblen Daten beschäftigt sind, sollten firmenseitig entsprechend informiert und geschult werden, wie wichtig das Thema Sicherheit tatsächlich ist und welcher Schaden bei Missachtung entstehen kann.

Im Jahre 2007 meldeten Firmen einen Anstieg der Angriffe auf ihre IT-Systeme um 8% im Vergleich zum Vorjahr. Ein positiver Aspekt ist allerdings, dass nur noch 5% der Angriffe erfolgreich sind. Im vorangegangenen Jahr sah diese Zahl mit 22% noch deutlich anders aus. Der Trend geht demnach zunehmend zu höheren Investitionen in die IT-Sicherheit der Unternehmen und das Bewusstsein über die Risiken und Auswirkungen scheint sich deutlich zu verstärken [vgl. Forthmann 2007].

Für die Computer-Forensik bedeutet dies sicherlich, dass in Zukunft vermehrt die Dienste eines forensischen Ermittlungsteams in Anspruch genommen werden. Denn wenn sich zwar die Sicherheit der IT-Systeme verbessert, so werden die Angriffe, die dennoch erfolgreich verlaufen, zunehmend komplexer ablaufen. Hier wird das Fachwissen eines Spezialisten gefragter denn je, denn für Unternehmen steht immer mehr auf dem Spiel, wenn es Unbefugten gelingt, Schaden zu verursachen oder Informationen auszuspionieren. Das Bedürfnis nach Sicherheit im IT-Umfeld wird auch in Zukunft noch wachsen und das Entwickeln neuer, sicherer Systeme lässt sich mit dem Wissen um den Tathergang vergangener Einbrüche ergänzen. Die forensische Analyse eines Vorfalls sollte daher auch weiterhin nicht unterschätzt werden.

8 Literaturverzeichnis

[Bachfeld 2003] Bachfeld, D.: *Heise Security – Cross-Site-Scripting: Datenklau über Bande*, http://www.heise.de/security/Cross-Site-Scripting-Datenklau-ueber-Bande--/artikel/38658/0, Verifizierungsdatum: 03.11.2008

[Bachfeld 2004] Bachfeld, D.: *Heise Security - Gefahr aus der Schattenwelt – Alternate Data Streams als Versteck für Schädlinge*, http://www.heise.de/security/Gefahr-aus-der-Schattenwelt--/artikel/52139, Verifizierungsdatum: 06.10.2008

[BSIa o. D.] Bundesamt für Sicherheit in der Informationstechnik: *Denial-of-Service-Attacken*, http://www.bsi-fuer-buerger.de/abzocker/05_04.htm, Verifizierungsdatum: 04.10.2008

[BSIb o. D.] Bundesamt für Sicherheit in der Informationstechnik: *IP-Spoofing*, http://www.bsi.bund.de/gshb/deutsch/g/g05048.htm, Verifizierungsdatum: 06.10.2008

[BSIc o. D.] Bundesamt für Sicherheit in der Informationstechnik: *Gefährliche Kuckuckseier: E-Mails mit falschem Absender*, http://www.bsi-fuer-buerger.de/abzocker/05_07.htm, Verifizierungsdatum: 30.10.2008

[BSI 2002] Bundesamt für Sicherheit in der Informationstechnik: *BSI - Leitfaden zur Einführung von Intrusion-Detection-Systemen*, http://www.bsi.bund.de/literat/studien/ids02/gr4.htm, Verifizierungsdatum: 02.10.2008

[BSI 2003] Bundesamt für Sicherheit in der Informationstechnik; Studie des BSI: *Durchführungskonzept für Penetrationstests*, BSI 2003; zitiert nach: http://www.bsi.de/literat/studien/pentest/penetrationstest.pdf Verifizierungsdatum: 05.10.2008

[BSI 2007a] Bundesamt für Sicherheit in der Informationstechnik: *DNS-Spoofing und Pharming*, http://www.bsi.de/gshb/deutsch/g/g05078.htm, Verifizierungsdatum: 01.10.2008

[BSI 2007b] Bundesamt für Sicherheit in der Informationstechnik: *Man-in-the-Middle-Angriff*, http://www.bsi.de/gshb/deutsch/g/g05143.htm, Verifizierungsdatum: 01.10.2008

[Caloyannides 2004] Caloyannides, M. A.: *Privacy Protection and Computer Forensics*, 2. Auflage, ARTECH HOUSE 2004

[Carrier 2005] Carrier, B.: *File System Forensic Analysis*, 2. Auflage, Addison-Wesley 2005

[Cole et al. 2007] Cole, E.; Krutz, R. L.; Conley, J. W.; Reisman, B.; Ruebush, M.; Gollman, D.; Reese, R.: *Network Security Fundamentals*, Wiley Pathways 2007

[DFN-CERT 2008] DFN-CERT Service GmbH: *Incident Response*, http://www.dfn-cert.de/informationen/themen/incident-response-informationen.html, Verifizierungsdatum: 05.10.2008

[DFN-CERT 2008a] DFN-CERT Service GmbH: *Grundlegende Schritte zur Vorfallsbearbeitung*, http://www.dfn-cert.de/informationen/themen/incident-response-informationen/grundlegende-schritt-zur-vorfallsbearbeitung.html, Verifizierungsdatum: 06.10.2008

[DFN-CERT 2008b] DFN-CERT Service GmbH: *Suche nach Hinweisen auf Kompromittierung am Beispiel von UNIX/Linux*, http://www.dfn-cert.de/informationen/themen/incident-response-informationen/nachsehen-linux.html, Verifizierungsdatum: 06.10.2008

[DFN-CERT 2008c] DFN-CERT Service GmbH: *Suche nach Hinweisen auf Kompromittierung am Windows-Beispiel*, http://www.dfn-cert.de/informationen/themen/incident-response-informationen/nachsehen-windows.html, Verifizierungsdatum: 06.10.2008

[Draber 2008] Draber, S.: *FH Bonn-Rhein-Sieg - Computerforensik*, http://fb05.fh-bonn-rhein-sieg.de/data/anna_/Lehrveranstaltungen/Informatik/Druck-%20Computerforensik-17-21.pdf, Verifizierungsdatum: 01.10.2008

[Farmer/Venema 2004] Farmer, D.; Wietse, V.: *Forensic Discovery*, Addison-Wesley Pearson Education 2004

[Forthmann 2007] Forthmann, J.: *Zahl der Angriffe auf Unternehmens-IT steigt*, http://www.innovations-report.de/html/berichte/studien/bericht-93529.html, Verifizierungsdatum: 13.10.2008

[Geschonneck 2006a] Geschonneck, A.: *Computer-Forensik*, 2. Auflage, dpunkt.verlag 2006

[Geschonneck 2006b] Geschonneck, A.; Verlagsbeihefter: *iX extra – Tatort Computer*, Heise Zeitschriften Verlag GmbH, iX (11/2006); zitiert nach: http://www.heise.de/ix/extra/2006/ie0611.pdf, Verifizierungsdatum: 02.10.2008

[Geschonneck 2007] Geschonneck, A.: *iX - Falschputzer*, Heise Zeitschriften Verlag GmbH, iX (8/2007)

[Geschonneck 2008a] Geschonneck, A.: *Computer-Forensik*, 3. Auflage, dpunkt.verlag 2008

[Geschonneck 2008b] Geschonneck, A.: *Windows Vista Forensics*, DFN-CERT Workshop 2008; zitiert nach: http://www.dfn-cert.de/veranstaltungen/workshop/vortrage-vergangener-workshops/2008/geschonneck.pdf; Verifizierungsdatum: 03.10.2008

[Grunwald 2002] Grunwald, L.: *iX - Ausgrabungen*, Heise Zeitschriftenverlag GmbH, iX (10/2002); zitiert nach: http://www.dn-systems.de/press/ix.forens.pdf; Verifizierungsdatum: 02.10.2008

[Grunwald 2003] Grunwald, L.: *iX - Blitzeblank*, Heise Zeitschriftenverlag GmbH, iX (05/2003); zitiert nach: http://www.heise.de/ix/artikel/2003/05/072/; Verifizierungsdatum: 09.10.2008

[Honeynet 2000] Honeynet Projekt: *Den Feind kennen III*, http://www.honeynet.org/papers/trans/erkennen_III.txt, Verifizierungsdatum: 29.09.2008

[Klein 2006] Klein, T.: Verlagsbeihefter: *iX extra – Flüchitge Daten sichern*, Heise Zeitschriften Verlag GmbH, iX (11/2006); zitiert nach: http://www.heise.de/ix/extra/2006/ie0611.pdf, Verifizierungsdatum: 01.10.2008

[Kleimann 2004a] Kleinmann, L.: *Malware*, http://malware.bul-online.de/, Verifizierungsdatum: 06.10.2008

[Kleimann 2004b] Kleinmann, L.: *Virus, Wurm, Trojanisches Pferd*, http://malware.bul-online.de/definitionen.php, Verifizierungsdatum: 06.10.2008

[Kroll Ontrack 2008] Kroll Ontrack GmbH; *Broschüre - Whitepaper Forensik*, Kroll Ontrack GmbH 2008; zitiert nach: http://www.ontrack.de/library/pdf/whitepaper_forensik.pdf, Verifizierungsdatum: 06.10.2008

[Lyon o. D.] Lyon, G.: *Port Scanning Basics*, http://nmap.org/book/man-port-scanning-basics.html, Verifizierungsdatum: 22.10.2008

[Microsoft o. D.] Microsoft: *Security Monitoring and Attack Detection*, http://www.microsoft.com/technet/security/midsizebusiness/topics/serversecurity/attackdetection.mspx, Verifizierungsdatum: 02.10.2008

[Pollino et al 2006] Pollino, D.; Pennington, B.; Bradley, T.; Dwivedi, H.: *Hacker's Challenge 3*, The McGraw-Hill Campanies 2006

[Ruetten/Stutzke 2005] Ruetten, G; Stutzke, O.: *Heise Security – Technik und Abwehr von ARP-Spoofing-Angriffen*, http://www.heise.de/security/Angriff-von-innen--/artikel/55269, Verifizierungsdatum: 29.09.2008

[Schröm 1999] Schröm, O.: *Die Zeit – Verrat unter Freunden*, Die Zeit (40/1999); zitiert nach: http://www.zeit.de/1999/40/199940.nsa_2_.xml, Verifizierungsdatum: 06.10.2008

[Secureworks o. D.] Secureworks: *Security 101: Man in the Middle*, http://www.secureworks.com/research/newsletter/2008/01/, Verifizierungsdatum: 14.10.2008

[Siebert 2008] Siebert, S.: *eRecht24 GbR - Betrug im Internet – Phishing, Pharming und Spoofing*, http://www.e-recht24.de/artikel/strafrecht/188.html, Verifizierungsdatum: 01.10.2008

[Snell 2005] Snell, M.: ZDNet Security - *Intrusion Detection-Systeme: eine Einführung*, http://www.zdnet.de/security/praxis/0,39029462,20000452,00.htm, Verifizierungsdatum: 06.10.2008

[Spiegel 2008] Spiegel: *Telekom verschwieg über Jahre Sicherheitslücke*, http://www.spiegel.de/wirtschaft/0,1518,581717,00.html, Verifizierungsdatum: 27.10.2008

[Tagesschau 2008a] Tagesschau: *Wieder sucht die Polizei nach einer Festplatte*, http://www.tagesschau.de/ausland/datenverlust108.html, Verifizierungsdatum: 13.10.2008

[Tagesschau 2008b] Tagesschau: *Sicherhheitsleck T-Mobile: Deutsche Telekom bestätigt Datenpanne mit Millionen Kundendaten*, http://www.tagesschau.de/multimedia/video/video390152.html, Verifizierungsdatum: 27.10.2008